AF565247

PASSIVES EINKOMMEN

DURCH IMMOBILIEN

Wie Sie in Wohnimmobilien intelligent investieren, nachhaltig Vermögen aufbauen und finanzielle Freiheit erlangen – Die perfekte Altersvorsorge für den Ruhestand

INHALT

Das erwartet Sie in diesem Buch

Sind Sie müde vom endlosen Arbeitsalltag? Fühlen Sie sich im Hamsterrad gefangen? Oder sind Sie auf der Suche nach einer weiteren Verdienstmöglichkeit, um Ihre finanziellen Mittel aufzubessern? Immer mehr Menschen sind auf der Suche nach einem passenden passiven Einkommen – eine Verdienstmöglichkeit, die passiv geschieht. Das bedeutet, dass Sie für dieses Einkommen nichts tun müssen und ohne Ihre Hilfe dauerhaft Verdienst generiert wird. Leider ist es aber so, dass passives Einkommen heutzutage des Öfteren fehlinterpretiert wird und es so kaum noch gibt.

Wirklich passiv funktioniert es meist nicht, denn so gut wie alles muss kontrolliert und überwacht werden. Sobald Sie auch nur eine Stunde Zeit in diese Arbeit stecken, ist es kein passives Einkommen mehr. Also können Sie davon ausgehen, dass Sie in jede passive Arbeit ein klein wenig Zeit investieren müssen, um damit erfolgreich werden zu können. Trotzdem ist ein passives Einkommen eine sehr beliebte Möglichkeit, eine zusätzliche Einkommensquelle oder den gesamten Lebensunterhalt zu bestreiten.

Hierfür gibt es viele verschiedene Varianten. Wenn Sie im Internet nach einem passiven Verdienst suchen, finden Sie Unmengen an Angeboten. Hier ist jedoch äußerste Vorsicht geboten vor kuriosen Anbietern. Eine der beliebtesten und seriösesten Möglichkeiten ist das passive Einkommen mit Immobilien. Der Immobilienmarkt weist ein dauerhaftes Wachstum auf und weckt stetig neue Bauträger und Interessenten. Ein Dach über dem Kopf braucht jeder, ob Privatperson oder Gewerbe. Deshalb wird dieser Markt immer beliebt für Investitionen sein.

In diesem Buch möchte ich Ihnen das passive Einkommen mit Immobilien näherbringen. Auf was müssen Sie achten, welche Möglichkeiten haben Sie, welche Risiken gibt es und wie gehen Sie am besten vor, wenn Sie sich für diesen Weg der passiven Einnahmequelle entscheiden? Schritt für Schritt möchte ich Ihnen die ersten Wege aufzeigen und Ihnen somit Ihren Einstieg als passiver Unternehmer erleichtern.

Was ist passives Einkommen?

Durch passives Einkommen oder auch Residualeinkommen kann man finanzielle Freiheit erreichen, wenn man sich geschickt anstellt. Es ist eine Sonderform des Einkommens und Gegenstück des aktiven Einkommens. Passives Einkommen ist Einkommen, das langfristig, ohne unmittelbaren Arbeitsaufwand und ohne die Investition von Zeit erzielt wird. Es wird durch drei Kriterien definiert:

1. *Skalierbarkeit:* Möchten Sie ein passives Einkommen erzielen, so müssen Sie sich für ein Geschäftsmodell entscheiden, das skalierbar ist. Konkret bedeutet das, dass man den Umsatz erhöhen kann, ohne kontinuierlich Geld in Infrastruktur, Produktion, Fixkosten usw. investieren zu müssen. Solche Geschäftsmodelle, die eine hohe Skalierbarkeit aufweisen, sind oft stark automatisiert.
2. *Unabhängigkeit vom Arbeitsplatz:* Im Gegensatz zum aktiven Einkommen, bei dem Sie Ihre Zeit investieren und im Gegenzug Geld bekommen, zeichnet sich passives Einkommen dadurch aus, dass Sie Geld unabhängig vom Zeitaufwand bekommen.
3. *Unsicherheit:* Passives Einkommen ist in jedem Fall mit einem gewissen Grad an Unsicherheit verbunden, das sollte Ihnen bewusst sein. Als Arbeitnehmer erhalten Sie garantiert Gehalt für Ihre Leistung. Möchten Sie sich einen passiven Geldfluss aufbauen, so müssen Sie zunächst eine Vorleistung investieren, haben aber keine Sicherheit, dass Sie durch diese Vorinvestierung letztendlich Geld verdienen.

Zusammenfassend ist passives Einkommen also eine Form des Einkommens, die einen Geldfluss ohne Arbeits- und Zeitaufwand ermöglicht. Generiert wird es normalerweise durch eine anfängliche

Investition oder, allgemeiner, durch einen initialen Aufwand. Diese Investition ist immer langfristig angelegt und soll am Ende zu automatisierten Geldströmen führen. Kurz gesagt: Passives Einkommen ist ein Geldfluss, der nach einem initialen Aufwand kontinuierlich und automatisiert generiert wird. Passives Einkommen ist nicht immer gleich hoch, sondern unterliegt Schwankungen. Steuerlich macht es keinen Unterscheid, ob Einkommen aktiv oder passiv erzielt wird, wichtig ist die juristische Form des Einkommens.

Mit der zunehmenden Digitalisierung unserer Gesellschaft sind auch die Möglichkeiten gewachsen, sich ein passives Einkommen zu sichern. Einkommensquellen sind zum Beispiel digitale Güter, Kryptowährungen, der Verleih von Besitztümern, Blogs mit Affiliate-Marketing, Dropshipping, der Verkauf von Waren über Amazon EBA, die Tätigkeit als Influencer oder die Nutzung von Cashback-Programmen. Doch viele dieser Möglichkeiten generieren nicht zwangsweise passives Einkommen, oft sind eigene Arbeit und Kenntnis gefragt. Heutzutage ist die wichtigste und sinnvollste Möglichkeit, passives Einkommen zu erzielen, zu investieren. Natürlich ist es schwierig und aufwendig, die richtige Kapitalanlage zu finden, aber haben Sie sich erst einmal ein Portfolio erstellt, so können Sie im besten Fall langfristig passives Einkommen generieren.

Allgemein gibt es fünf Investitionsmöglichkeiten, durch die Sie passives Einkommen erhalten können:

1. Zinsen aus *Immobilieninvestitionen* erhalten: Indirekt in Immobilien investieren können Sie durch Immobilienfonds und Immobilien-Crowdinvesting. Die resultierenden Renditen und Zinszahlungen können Ihnen zu passivem Einkommen verhelfen.

2. Mittels Aktien *Dividenden* einstreichen: Wenn Unternehmen Aktien ausgeben, dann gehen Teile ihres Gewinns durch die Dividenden regelmäßig an den Anleger. Besitzen Sie Aktien von erfolgreichen Unternehmen mit steigenden Gewinnen, so können Sie mit stetig steigendem Einkommen durch diese rechnen. Indexfonds, die an der Börse gehandelt werden, auch bekannt unter der Bezeichnung Exchange Traded Funds (ETFs), können relativ kostengünstig und flexibel ins Depot aufgenommen werden.
3. *Geld verleihen* und Zinsen dafür erhalten: Es gibt Kredite, die nennt man auch „Peer-to-Peer-Kredite". Diese werden von Privatperson zu Privatperson vergeben. Mittlerweile gibt es im Internet diverse Crowdlending-Plattformen, die genau das anbieten. Hier können sich Kreditgeber und -nehmer finden.
4. Zinsen aus *Anleihenkäufen* erhalten: Sie erhalten regelmäßige Zinszahlungen, wenn Sie Staats- oder Unternehmensanleihen halten. Risiken können Sie gut streuen, wenn Sie Anleihen von ETFs und Rentenfonds kaufen.
5. Geld durch *Mieteinnahmen* verdienen: Sehr beliebt sind Investitionen in Sachwerte wie Immobilien, selbst in finanziell unsicheren Phasen, denn jeder braucht nun einmal ein Dach über dem Kopf, egal, wie gut oder schlecht die Wirtschaft gerade ist. Immobilien stellen einen wichtigen Vermögenswert dar. Sind Sie Eigentümer, können Sie passives Einkommen durch die Mieteinnahmen generieren. Investieren Sie in einen Immobilienmarkt mit Steigerungspotenzial, können Sie durch den erneuten Verkauf zum Teil sehr hohen Profit erzielen. Vergessen Sie nicht, dass Instandhaltungs- und Verwaltungskosten auf Sie zukommen können. Renditeobjekte bedeuten Arbeit.

Allgemeine Tipps zum Aufbau eines passiven Einkommens

Anfangs möchte ich darauf eingehen, was Sie generell erst einmal beachten und wissen sollten, wenn Sie sich ein passives Einkommen durch die Investition von Kapital, welches sich über die Jahre vermehrt, aufbauen möchten. Ganz wichtig ist es, dass Sie strategisch vorgehen. Machen Sie sich ausführlich Gedanken, informieren Sie sich, stellen Sie einen Plan auf und hinterfragen Sie kritisch! Ihre Strategie muss zu Ihren persönlichen Präferenzen und zu Ihrer Lebenssituation passen.

Verfügen Sie nur über ein geringes Startkapital, dann helfen Sparpläne. Das Ziel eines Sparplans ist es, durch die Einzahlung kleiner Beträge in regelmäßigen Zeitabständen langfristig ein Vermögen aufzubauen. Legen Sie sich einen Sparplan an, bei dem monatlich ein bestimmter Betrag in Ihr Investment fließt. So wächst das Kapital mit der Zeit und Sie können sich auch ohne ein hohes Eigenkapital ein passives Einkommen aufbauen. Verschiedene Arten von Sparplänen sind klassische Banksparpläne, Fonds-, ETF- und Aktiensparpläne.

Bevor Sie aber daran denken, wie Sie in Zukunft einen passiven Einkommensstrom erzeugen können, sollten Sie Ihre aktuellen Schulden tilgen. Investieren sollten Sie erst, wenn Sie schuldenfrei sind, denn die Zinsen, die Sie für einen Kredit zahlen müssen, sind in der Regel um einiges höher als die Zinsen, die Sie durch Ihre Investitionen erhalten können, sodass hier oft kein Ausgleich möglich ist. Gehören Sie zu den Glücklichen, vermögend zu sein, so können Sie durch ein Investment zum Teil so hohe Zinsen erhalten, dass Sie davon Ihren Lebensunterhalt bestreiten können. Durch die aktuelle Niedrigzinspolitik der EZB ist das allerdings sehr schwierig. Sie brauchen ein riesiges Startkapital, um so gute Renditen zu erzielen. Zum Glück gibt es auch spezielle Anlageklassen, durch die Sie auch zurzeit durch eine hohe Rendite Ihr Startkapital vermehren können. Eine solche Anlageklasse ist zum Beispiel das Immobilien-Crowdinvesting.

In diesem Buch soll es speziell um passives Einkommen durch Immobilien gehen. Nun werde ich die bekanntesten Möglichkeiten einmal genauer vorstellen.

Vier bekannte Möglichkeiten für passives Einkommen mit Immobilien

1. IMMOBILIENFONDS

Bevor ich Ihnen die Immobilienfonds näherbringe, möchte ich Ihnen zuerst einmal den Begriff als solchen erklären. Immobilienfonds sind unterschiedliche Gesellschaftsformen, in denen Kapital von mehreren Investoren zusammengenommen werden. Dieses gemeinsame Kapital wird dann dazu genutzt, um in Immobilien zu investieren. Die Investition in Immobilienfonds ist eine der passivsten Möglichkeiten, Einkommen zu generieren. Für alle, die sich am Immobilienmarkt finanziell beteiligen wollen, ist dies eine sehr beliebte Geldanlage für die Altersvorsorge oder den Vermögensaufbau. Mit kleinen Geldbeträgen zwischen fünfzig und hundert Euro können Sie hier mitwirken.

Das investierte Geld wird von den Fonds angelegt und verwaltet. Meist erfolgt die Investition in Immobilien, die gewerblich genutzt werden, wie zum Beispiel Büro- und Ärztegebäude oder Handelsfirmen. Eher selten wird das Geld in Wohnkomplexe angelegt. Der höchste Stand der Einnahmen für Immobilienfonds fand 2017 statt. Bis Ende 2018 wurden bereits 5,9 Milliarden Euro Umsatz generiert.

Der Immobilienfonds ist bis heute der beliebteste Fonds der Anleger. Unter den verschiedenen Fondsvarianten erzielt der „offene Fonds" die beste Rendite. Die Rendite der jeweiligen Fonds setzt sich aus verschiedenen Faktoren zusammen. Hierbei spielen zum Beispiel die Wertänderungen der Fondsimmobilie, die Mieteinnahmen und die

Zinseinnahmen eine Rolle. Der Immobilienwert wird in regelmäßigen Abständen von speziellen Gutachtern überprüft. Steigt der Wert der Immobilie, profitieren die Anleger. Das Investment in die jeweiligen Fonds ist als langfristige Geldanlage gedacht. Je länger der Anleger Anteile besitzt, desto geringer fallen die Verwaltungskosten und andere Aufschläge aus. Ebenso sind Immobilienfonds, die passiv gemanagt werden, kostengünstiger. Schließen Sie online eine Beteiligung über ein Fondsvermittler ab, bekommen Sie oft hohe Rabatte.

Natürlich birgt ein Immobilienfonds aber auch Risiken. Verluste, die Schließung oder die Auflösung des Fonds können die Ursache für hohe Verluste der Anleger sein. Im schlimmsten Fall ist das eingesetzte Geld verloren. Wenn ein Fonds wegen unerwartet hohen Kosten gezwungen ist, sofort Immobilien zu verkaufen, dies aber in dem kurzen Zeitraum nicht möglich ist, wird der Fonds meist geschlossen. Noch schlimmer trifft es die Anleger, wenn der Fonds unter Verlust aufgelöst werden muss. Die Investoren haben dann oft ihr Geld verloren oder müssen hohe Verluste einbüßen. So war es auch in der Finanzkrise. Um dem Risiko der Fremdwährung zu entgehen, sollten Sie auf Fonds mit hohem Volumen achten und Länder außerhalb Europas meiden. Ebenso sollten Sie die Halte- und Kündigungsfristen der einzelnen Fonds beachten.

Heute gilt eine Haltefrist von zwei Jahren sowie eine einjährige Kündigungsfrist. Diese Fristen gelten für Ihre Anteile an offenen Fonds. Diese attraktive Möglichkeit, ein passives Einkommen aufzubauen, können Sie auch ganz bequem von einem Fondsmanager ausführen lassen. Mit ihm können Sie gegen ein entsprechendes Entgelt Ihre Vorstellungen und finanziellen Möglichkeiten besprechen. Ihre Fondstätigkeiten überlassen Sie dann ihm, sodass Sie keine Arbeit mehr verrichten müssen und diese Einkommensquelle wirklich passiv erleben. Der Fondsmanager übernimmt jedoch keine Haftung für Verluste.

Nun werde ich Ihnen die verschiedenen Fondsarten genauer vorstellen. Man unterscheidet zwischen „ausschüttenden Immobilienfonds" und „thesaurierenden Immobilienfonds". Erstere schütten jährlich Erträge aus. Diese setzen sich zusammen aus Mieten oder Verkaufserlösen, wobei die anfallenden Kosten, beispielsweise für die Fondsverwaltung, die Bewirtschaftung und die Abschreibungen, abgezogen werden. Bei thesaurierenden Immobilienfonds werden die erwirtschafteten Erträge automatisch in neue Liegenschaften investiert, sodass Investitionen zu einer Werterhöhung der Anteilscheine führen. Häufig unterscheidet man auch offene und geschlossene Immobilienfonds. Zu diesen folgen nun weitere Informationen.

offene Immobilienfonds

Diese Fonds werden als Sondervermögen gezählt, das aus Beteiligungen aus dem Immobilienmarkt entsteht. In offenen Fonds, wie es auch der Name verrät, ist die Anzahl der Immobilien offen und nicht begrenzt. Hier sind auch Aus- und Einzahlungen aus dem Verkauf und dem Erwerb möglich. Meist steckt ein offener Fonds sein Kapital in mehrere Einzelprojekte. Es wird unterschieden zwischen Fonds, die für Privatanleger dienen, und Fonds, in die nur Anleger eines bestimmten Personenkreises investieren können. Privatanleger investieren in Publikumsfonds. Bestimmte Anlegerkreise setzen ihr Kapital in Immobilien-Spezialfonds ein. In einen offenen Fonds können Sie bereits mit kleinen Beiträgen ab 50 Euro investieren. Die Rendite nach erfolgreicher Investition liegt zwischen zwei und vier Prozent und fällt somit geringer aus als bei einem geschlossenen Fonds. Dafür gehen Sie bei einem offenen Fonds ein geringeres Risiko ein, da Sie in mehrere Projekte investieren. Fällt eine Immobilie aus, mindert dies zwar die Rendite, es hat aber sonst keinerlei Nachteile. Des Weiteren gibt es bei dieser Art von Fonds auch keine begrenzte Laufzeit.

Rechtliche Rahmenbedingungen

Die gesetzlichen Rahmenbedingungen sind in folgenden Gesetzen festgeschrieben: Im Wertpapierhandelsgesetz (WpHG) und im Wertpapierprospektgesetz (WpPG) sowie in dem neueren Vermögensanlagegesetz seit Juni 2012 und im Kapitalanlagegesetzbuch seit Juli 2013. Laut Paragraph 33 Investmentgesetz werden die Fondsanteile in Anteilscheinen einer Kapitalverwaltungsgesellschaft (KVG) verbrieft. Die Anzahl dieser Scheine kann bei steigender Nachfrage erhöht werden und ist demnach unbegrenzt. Weiterhin muss die KVG die Rechtsform einer GmbH oder GmbH & Co. KG haben. Das Fondsvermögen wird dann durch die KVG verwaltet. Dieses Vermögen ist, wie oben schon erwähnt, kein rechtsfähiges Sondervermögen. Eine Besonderheit ist, dass die Anteilscheine der KVG übertragbar sind und auch zurückgegeben werden können.

Damit das möglich ist, schreibt das Gesetz eine Liquiditätsreserve von mindestens fünf Prozent bis maximal 49 Prozent des Fondsvermögens vor. Daraus folgt, dass das Anlegergeld teilweise in Zinspapiere investiert wird, da diese zu den schnell liquidierbaren Anlagen zählen. Sollten die Liquiditätsreserven einmal unter fünf Prozent des Fondsvermögens liegen, so muss die KVG wegen des Aussetzrisikos den Fonds zeitweise schließen. Eine KVG zählt als ein Kreditinstitut und steht daher unter der Kontrolle der Bundesanstalt für Finanzdienstleistungen (BaFin), welche ebenfalls eine Aussetzung anordnen kann. Aber keine Sorge, diese Aussetzung dient dem Anlegerschutz und ist somit in Ihrem Interesse. In den Gesetzbüchern ist außerdem genau festgelegt, wie ein offener Immobilienfonds investieren darf.

Die Regelungen umfassen folgende Punkte:

- Der Fonds muss mindestens zehn Objekte besitzen.
- Höchstens 20 Prozent des Fondsvermögens darf in Grundstücke, welche gerade bebaut werden, investiert sein.
- Die Liegenschaften dürfen nicht zu mehr als 15 Prozent des Fondsvermögens gekauft werden.
- In Ländern mit einer anderen Währung darf nur zu 30 Prozent in Gebäude investiert werden, ohne Absicherung des Währungsrisikos. Ist dieses Risiko abgesichert, gilt diese Regelung nicht.
- In Immobiliengesellschaften, an denen die Kapitalgesellschaft mehrheitlich beteiligt ist, darf bis zu 49 Prozent des Vermögens investiert werden.
- In andere Immobiliengesellschaften darf lediglich bis zu 20 Prozent investiert werden.

Wie wird der Wert des Fondsvermögens und der Anteilscheine ermittelt?

Der Wert richtet sich nicht nach den Marktpreisen, sondern wird von unabhängigen Gutachtern ermittelt. Der Sachverständige berechnet den Verkehrswert basierend auf dem Ertragswert nach den Vorgaben der deutschen Wertermittlungsverordnung. Diese beachtet rechtliche und wirtschaftliche Aspekte. Der Ertragswert bezeichnet die Summe aus Bodenwert und Gebäudeertragswert, wobei der Bodenwert den Verkehrswert eines unbebauten Grundstücks bezeichnet und der Gebäudeertragswert die erwarteten Einnahmen aus der Immobilie angibt. Der Wert der Rücknahmepreise der Anteilscheine wird auf Basis des Nettofondsvermögens errechnet, welches sich wiederum aus den Rückstellungen, dem Verkehrswert des Immobilienbestands und der Liquidität (abzüglich Verbindlichkeiten) zusammengesetzt. Die Wertermittlung erfolgt durch die KVG, manchmal auch mittels einer Depotbank, und der ermittelte Rücknahmepreis wird anschließend täglich an der Börse veröffentlicht.

Steuerliche Rahmenbedingungen

Steuerlich zählen die Ausschüttungen zu den Einkünften aus Kapitalvermögen, da die Anteile an Immobilienfonds Wertpapiere sind. Im Gegensatz dazu gelten Mieteinnahmen aus Direktinvestments in Immobilien steuerlich als Einkünfte aus Vermietung und Verpachtung. Bedenken Sie, dass Sie die Investition bei Ihrem Steuerausgleich als Einnahmen aus Ihrem Kapitalvermögen angeben müssen. Erhalten Sie Ausschüttungen aus Immobilienfonds, so werden diese mit 25 Prozent Kapitalertragssteuer als Abgeltungssteuer besteuert. Seit den 2009 eingeführten Verlustverrechnungsbeschränkungen können Verluste aus dem Verkauf von Immobilienfonds nicht mehr mit anderen positiven Einkünften verrechnet werden. Egal, ob Ihre Einkünfte ausgeschüttet oder thesauriert werden, sie sind in beiden Fällen steuerpflichtig. Die Grundlagen der Besteuerung können Sie im Bundesanzeiger nachlesen, wo die KVG diese jährlich veröffentlicht. Sollten Sie Erträge erzielen, die sich aus der Wertsteigerung der Immobilien ergeben, so sind diese steuerfrei.

Beachten Sie aber, dass wieder die Abgeltungssteuer anfällt, wenn Sie diese Erträge gewinnbringend veräußern. Eine Sache sollten Sie auf jeden Fall wissen: Es können sich steuerliche Vorteile für Sie ergeben, wenn Sie Anteile von Investmentfonds besitzen, die in ausländische Immobilien investieren. Das ist dann der Fall, wenn Ihre Einkünfte aus Ländern stammen, mit denen ein sogenanntes „Doppelversteuerungsabkommen" besteht, da Ihre Einkünfte dann in Deutschland nicht mehr besteuert werden – allerdings nur, wenn der Progressionsvorbehalt nicht greift. In vielen Staaten fällt eine Quellensteuer an (eine Steuer auf Erträge, die direkt bei Auszahlung dieser abgezogen und an das Finanzinstitut bezahlt wird). In Deutschland können Sie diese Steuer zu 15 Prozent anrechnen lassen. Alles, was darüber hinaus geht, kann sich der Anleger im Ausland direkt erstatten lassen. Die Immobilienfonds führen die Quellensteuer ab und erstellen Ihnen auf Verlangen eine Bescheinigung.

Welche Risiken gibt es, wenn Sie in offene Immobilienfonds investieren?

Die Aussetzung, also die vorübergehende Schließung eines Fonds wegen zu wenigen liquiden Mitteln, ist eines der wesentlichen Risiken, die Sie eingehen müssen. Solche Aussetzungen führen dazu, dass Anteile nicht zurückgenommen werden und dass die Immobilien an Wert verlieren können, sodass auch Ihre Anteilscheine an der KVG an Wert verlieren. Offene Immobilienfonds galten immer als eine relativ sichere Art der Geldanlage mit jährlichen Kurssteigerungen von circa vier Prozent. Besonders sicher waren Fonds mit langfristigen Mietverträgen. Doch dann kam es 2004 zur Fondskrise, da in Deutschland die Mieten nicht weiter anstiegen oder sogar abnahmen und viele Bürogebäude leer standen. In Folge dessen gaben viele ihre Anteilscheine zurück, sodass die liquiden Mittel der Fonds schnell schrumpften und viele zeitweise geschlossen werden mussten. Die schnelle Schließung vieler Fonds fand auch während der Finanzkrise 2008 und nach der Volksabstimmung zum Brexit statt. Die Anteilsrückgabe stellte also ein ernsthaftes Problem dar. Der Gesetzgeber führte deshalb im Jahr 2013 verschärfte Vorschriften ein, sodass heute Folgendes gilt:

- Es gibt eine Mindesthaltefrist der Anteilscheine von 24 Monaten. Erst danach können Anteile in einer Höhe von bis zu 30.000 Euro pro Halbjahr zurückgegeben werden.
- Durch eine unwiderrufliche Rückgabeerklärung muss der Anteilseigner seine Absicht gegenüber der KVG erklären, wobei er eine Rückgabefrist von 12 Monaten einhalten muss.
- Eine Rücknahmeaussetzung wegen zu geringer Liquidität darf maximal 36 Monate lang gelten. Schafft es die KVG nicht, innerhalb

dieser Zeit genügend Liquidität zu erreichen, so erlischt ihr Recht zur Verwaltung des Fonds.

Diese Vorschriften führen dazu, dass Anleger heutzutage weniger flexibel sein können als noch vor ein paar Jahren, aber es ergibt sich aus den Regelungen auch ein großer Vorteil: Das Fondsvermögen ist geschützt und das kommt wiederum Ihnen als Anleger zugute.

Offene Immobilienfonds sind zum Beispiel „hausInvest", „Grundbesitz Europa", „Grundbesitz Global" und „Unilmmo Europa".

geschlossene Immobilienfonds

Hier steht die Investition in Immobilien im Vordergrund. Meist bezieht sich der Fonds auf ein einzelnes Projekt, maximal auf zwei. Es darf auch in Forste, Wald und Agrarland investiert werden. Entweder stehen die Objekte, in die investiert wird, von vornherein fest, sodass Sie wissen, worin Sie investieren, wenn Sie Anteile an einem geschlossenen Fonds kaufen, oder es handelt sich um einen „Black Pool", bei dem die Anleger noch nicht alle Investitionsobjekte kennen. Um welche Art es sich konkret handelt, erfahren Sie im Verkaufsprospekt des Fonds. Sobald das vorgesetzte Kapital von den Anlegern einbezahlt wurde, wird der Fonds geschlossen. Ab dann sind keine weiteren Ein- oder Auszahlungen mehr möglich.

Wenn sich ein Anleger trotzdem dazu entscheidet, aus dem Fonds austreten zu wollen oder seine Anteile zu verkaufen, ist dies nur über den Zweitmarkt möglich. Dieser Verkauf ist aber oft mit erheblichen Verlusten verbunden und wird daher meist nicht genutzt. Im Gegensatz zum offenen Fonds ist hier eine Investition meist erst ab 10.000 Euro möglich. Ein großer Vorteil eines geschlossenen Fonds ist die Rendite, die zwischen fünf und sieben Prozent ausfällt. Ein negativer Aspekt ist die Laufzeit von 15 bis 25 Jahren. Erst nach dieser Laufzeit können Sie mit Erträgen rechnen. Für die Höhe des Gewinns spielen mehrere Faktoren eine wichtige Rolle. Zu diesen gehört unter anderem die Lage des Objektes. Diese wirkt sich intensiv auf den Mietpreis und auf die Vermietung aus. Achten Sie vor der Auswahl des richtigen Fonds unbedingt darauf, dass das Objekt gut ausgelastet ist. Nicht selten ist es der Fall, dass bei Neubauten noch vor Baubeginn bereits 50 Prozent der Mietverträge unterschrieben sind. Wenn Ihr Objekt nicht attraktiv genug für potenzielle Mieter ist, müssen Sie mit einem Mietausfall rechnen, was sich negativ auf Ihre Rendite auswirkt. Droht einem Objekt der Ausfall, bedeutet dies oft die Insolvenz des Fonds. In der Steuer werden Ihre Erträge als Vermietung oder Verpachtung gezählt, manchmal aber auch als Einnahme aus einem Gewerbebetrieb. Bei geschlossenen Fonds können Sie zwar mit einer höheren Rendite rechnen, gehen aber auch ein wesentlich höheres Risiko ein als bei offenen Fonds.

Rechtliche Rahmenbedingungen

Geschlossene Fonds werden in der Rechtsform der GmbH & Co KG, GbR oder KG betrieben. Das Kapitalanlagesetzbuch (KAGB) vom Juli 2013 regelt alle Aspekte geschlossener Immobilienfonds. Manchmal gelten auch die Vorschriften des WpPG und WpHG. Da offene und geschlossene Immobilienfonds unterschiedliche Rechtsformen haben, ergeben sich unterschiedliche Konsequenzen. Eine KVG managt einen offenen Fonds, geschlossene Fonds hingegen werden von der Geschäftsführung oder einer Personengesellschaft betreut. Da eine geschlossene Fondsgesellschaft eine Personengesellschaft ist, kann eine Nachschusspflicht eines Gesellschafters entstehen, das Kapital anteilsmäßig zu erhöhen und für Verluste zu haften. Dies ist vor allem der Fall bei einer GbR, wenn der wirtschaftliche Erfolg ausbleibt. Der GbR-Gesellschafter haftet für die Verbindlichkeiten der gesamten Gesellschaft, sollte es zur Insolvenz kommen. Bei einer KG oder GmbH & Co. KG sieht das Ganze etwas anders aus. Hier haftet der Kommanditist nur bis zur Höhe seiner eigenen Einlage bzw. bis zur Höhe seiner erbrachten Einlagen, im Falle, dass er mehr Ausschüttungen erhält, als der Fonds erwirtschaftet hat.

Dass die Gesellschaft eine Personengesellschaft ist, hat außerdem zur Folge, dass es keine Rücknahmepflicht der Anteile gibt. Sie können Ihre Anteile als Anleger dennoch privat veräußern. Beachten Sie aber, dass es zurzeit nicht wirklich einen guten Markt für die Veräußerung von Anteilen an geschlossenen Fonds gibt, unmöglich ist es aber nicht. Informieren Sie sich auf jeden Fall vor der Zeichnung Ihrer Anteile, ob der Gesellschaftsvertrag eine Zustimmung des Fondsmanagements verlangt. Im Normalfall ist es aber so, dass Sie bis zur Auflösung der Gesellschaft an Ihre Anteile gebunden sind. Doch das 2013 eingeführte Kapitalanlagegesetzbuch sorgt auch für den Schutz des Privatanlegers, indem es Pflichten für geschlossene (und offene) Fonds vorschreibt. Dazu zählen:

- Fondsgesellschaften müssen sich bei der BaFin registrieren lassen, werden durch diese überwacht und sind zur Berichterstattung verpflichtet.
- Ersteller und Verkäufer haften für falsche Angaben in Verkaufsprospekten.
- Ein öffentlich bestellter Gutachter muss die Immobilie zunächst bewerten, ehe sie von der Fondsgesellschaft erworben werden kann.
- Es müssen Jahresabschlüsse und -berichte erstellt werden, welche anschließend von einem Abschlussprüfer geprüft werden.
- In den Verkaufsprospekten müssen sich weiterhin viele Angaben und Risikohinweise über das Investitionsobjekt befinden.

Sollten Sie sich als Anleger beschweren wollen, so gibt es in Deutschland zwei fachspezifische Stellen, wo Sie dies tun können, sogenannte „Ombudsstellen“. Einmal die „Ombudsstelle für Sachwerte und

Investmentvermögen e.V." und die „Ombudsstelle für Investmentfonds des Bundesverbands Investment und Asset Management" (BVI) in Berlin.

Steuerliche Rahmenbedingungen

Wie Ihre Einkünfte aus geschlossenen Immobilienfonds besteuert werden, hängt von der Rechtsform der Gesellschaft ab. Bei einer GmbH & Co. KG werden die Einkünfte als Einkünfte aus Gewerbebetrieben behandelt, bei einer GbR als Einkünfte aus Vermietung und Verpachtung. Früher war es so, dass Verluste, die zum Beispiel aus Sonderabschreibungen entstanden, mit positiven Einkünften aus anderen Einkunftsarten verrechnet werden konnten. Seit 2005 ist das anders, denn in diesem Jahr wurde der Paragraph 15b EBtG rechtskräftig. Dieser besagt, dass Verluste nicht mehr mit positiven Einkünften verrechnet werden dürfen.

Welche Risiken gibt es, wenn Sie in geschlossene Immobilienfonds investieren?

Nachschusspflicht, mangelnde Fungibilität und fehlende Rücknahmeverpflichtung bergen einige Risiken für den Anleger und können im schlimmsten Fall zum Totalverlust führen. Da es kaum steuerliche Vorteile gibt, werben geschlossene Fonds mit hohen Renditen bis zu 10 Prozent. In den Verkaufsprospekten ist beschrieben, nach welchen Kriterien Geld investiert werden soll. Diese Angaben werden von der BaFin geprüft. Dort müssen sich alle geschlossenen Fonds registrieren lassen, geprüft wird allerdings nur auf formelle Vollständigkeit, nicht aber auf den tatsächlichen Wahrheitsgehalt. Interessenkonflikte sind dem Anleger somit nicht bekannt. 2015 führte Stiftung Warentest eine Studie durch, die feststellte, dass bei 57 Prozent (von 1.139 geschlossenen Fonds, die seit 1972 eröffnet wurden) der Fonds die Anleger ihr eingesetztes Kapital verloren. Sie sollten daher wissen, dass sich eine solche

Vermögensanlage aufgrund des hohen Risikos nicht so gut als Altersvorsorge eignet. Weitere Risiken sind:

- Keine ausreichende Qualifizierung der Geschäftsführung
- Schlechte Absichten der Gründungsbeteiligten
- Verwaltungskosten werden oft über die verbundenen Gesellschaften abgerechnet. Dies ist möglich, da die Treuhänder den Beteiligten untergeordnet sind und diese Art der Abrechnung dadurch nicht auffällt.

Hier sehen Sie eine Zusammenfassung der Vor- und Nachteile beider Immobilienfondsarten:

Vorteile geschlossener Fonds:

- Möglichkeit der direkten Immobilienanlage
- Anleger erhält genaue Informationen darüber, in welches Objekt investiert wird
- sehr gute Rendite (ab sechs Prozent, kann aber bis in den zweistelligen Bereich steigen)
- weniger Verwaltungsaufwand als beim Kauf einer Immobilie

Nachteile geschlossener Fonds:

- Mindestbetrag für eine Investition liegt meist bei 10.000 Euro
- nicht für Kleinanleger geeignet
- Fondsanteile können nur über einen festen Zeitraum erworben werden
- lange Haltedauer
- Teils hohes Risiko, denn dadurch, dass meist in nur ein Objekt investiert wird, findet keine Risikostreuung statt

Vorteile offener Fonds:

- Risikostreuung, da das Kapital des Fonds in verschiedene Objekte investiert wird
- ständige Verfügbarkeit des Kapitals
- Anteile können täglich gekauft und verkauft werden
- Investition ab 50 Euro möglich
- gut für Kleinanleger geeignet
- kein Emittenten-Risiko (die Anlage gilt als Sondervermögen und bleibt bei Zahlungsunfähigkeit des Herausgebers (Emittenten) mit ihrem Wert erhalten)

Nachteile offener Fonds:

- fehlende Transparenz
- geringere Rendite
- bei Liquiditätsproblemen können Rückkäufe von Fondsanteilen ausgesetzt werden, was zur Abwertung und dadurch zu Verlusten führen kann

Zum Schluss möchte ich noch eine weitere Form von Immobilienfonds nennen, sogenannte „REIT (Real – Estate – Investment – Trust)". Hierbei handelt es sich um Kapitalgesellschaften, die in Immobilien investieren und sich dabei an besondere rechtliche Linien halten müssen. Die vorgesetzten Regelungen sind unumgänglich. Die Gesellschaften sind meist börsenkundig. Zu diesem Investment möchte ich Ihnen zu einem späteren Zeitpunkt noch mehr erzählen.

Im Folgenden werde ich Schritt für Schritt erklären, wie Sie passives Einkommen durch Immobilienfonds erzielen.

Wie kann ich günstig Fondsanlagen erwerben?

Teurer ist es auf jeden Fall, wenn Sie ganz klassisch zu einer Filialbank gehen, denn Filialbanken haben höhere Kosten als Online-

Anbieter, sodass Sie dort höhere Gebühren zahlen müssen. Gut sparen können Sie, wenn Sie sich eigenständig im Internet informieren und Ihre Immobilienfondsinvestition über einen Online-Broker abwickeln. Im Internet findet man zahlreiche Portale, die solche Broker vergleichen. Eines davon ist zum Beispiel die Website www.brokervergleich.de. Auf solchen Portalen können Sie konkret die anfallenden Kosten und Gebühren einsehen. Haben Sie einen vertrauenswürdigen Anbieter gefunden, steht nun die Entscheidung für einen Fonds an.

Welcher Fonds ist der richtige für mich?

Um diese Frage für sich zu beantworten, haben Sie wieder zwei Möglichkeiten. Sie können ein Gespräch mit Ihrem Bankberater ausmachen, der Sie je nach Qualifikation mehr oder weniger gut berät, oder Sie können über Online-Anbieter herausfinden, in welchen Fonds Sie angesichts Ihrer individuellen Umstände investieren sollten. Ein guter Anbieter ist beispielsweise „MoneYou", der zur niederländischen ABN AMRO Bank N. V. gehört, aber es gibt noch etliche weitere. In jedem Fall gilt: Lesen Sie sich alle Informationen zum Anbieter durch, die Sie finden können. Besonders im Internet ist Vorsicht besser als Nachsicht, wie man so schön sagt.

Zu allererst müssen Sie die folgenden beiden Fragen für sich beantworten:

- „Wie hoch sollen meine Ertragschancen sein?"
- „Wie hoch darf das Risiko sein, das ich einzugehen bereit bin?"

Die Faustregel lautet: Je risikobereiter Sie als Anleger sind, desto höher kann Ihr Ertrag am Ende sein, aber auch Ihr Verlust kann dadurch umso höher ausfallen. Sind Sie eher sicherheits-, wachstums- oder chancenorientiert? *Sicherheitsorientierte* Anleger gehen nicht gerne Risiken ein und wünschen sich gesicherte Erträge. Wertschwankungen der Anlageanteile sollen so gering wie möglich sein. Für solche Anleger eignet sich also ein Fonds, der ihnen solide Anlagen, eine kontinuierliche Wertentwicklung und geringe Risiken bietet. *Wachstumsorientierte* Anleger legen ihren Fokus eher auf hohe Ertragsaussichten und sind bereit, ein höheres Risiko und Wertschwankungen zu akzeptieren. Nichtsdestotrotz sollen die Risiken eher moderat sein. Es eignet sich ein Fonds mit guten Erträgen und ein wenig mehr Risiken. Die Anleger erwarten ein ausgewogenes Verhältnis von Risiken und Chancen. Was genau das bedeutet, muss jeder für sich selbst entscheiden. *Chancenorientierte* Anleger sind am risikofreudigsten und erwarten maximale Gewinne. Sie nehmen dafür hohe Wertschwankungen in Kauf. Für solche Anleger sind Fonds mit Aussichten auf überdurchschnittlich hohe Erträge, aber auch entsprechend hohen Risiken interessant. Grundlegend gilt aber, dass die Rendite, die Sie erzielen können, unmittelbar mit der Risikobereitschaft zusammenhängt. Je höher das Risiko, desto höher die Renditechancen. Außerdem ist es gut, zu wissen, dass sich ein langfristiger Anlagehorizont in jedem Fall lohnt, da hierbei gleichzeitig das Risiko sinkt. Es gibt einige wichtige Kennzahlen, die Sie zur Bewertung eines Fonds heranziehen sollten:

- durchschnittliche Rendite in der Vergangenheit
- maximaler Verlust: Schauen Sie sich den prozentual stärksten Wertverlust des Fonds innerhalb eines bestimmten Zeitraums an.
- Volatilität: Nehmen Sie die Schwankungsbreite eines Fonds zur Kenntnis. Die Volatilität zeigt, wie stark der Fondspreis in einem bestimmten Zeitraum von seinem langfristigen Mittelwert abweicht. Eine hohe Volatilität bedeutet ein hohes Risiko.
- Alpha: Wird der zugrunde liegende Vergleichsindex überschritten, so wird eine Überrendite generiert. Diese nennt man positives Alpha. Dieser Kennwert gibt an, um wie viel die Performance vom Vergleichsindex in den positiven Bereich abweicht.

- Beta: Dieser Wert gibt an, wie hoch der Fonds mit dem zugrunde liegenden Vergleichsindex korreliert. Beträgt Beta 1, bedeutet das, dass der Fonds genau dem Index folgt.

Da Sie nun wissen, worauf es zu achten gilt, können wir zum nächsten Schritt übergehen.

Wie erwerbe ich eine Fondsanlage?

Haben Sie einen Fonds gefunden, der zu Ihren Wünschen und Bedürfnisse passt, dann müssen Sie zunächst bei diesem Anbieter ein Tagesgeldkonto eröffnen. Im besten Fall besitzen Sie bereits ein Tagesgeldkonto, dessen Anbieter auch einen passenden Fonds für Sie hat. Bleiben wir einmal bei MoneYou. Beispiel: Hier ist eine Einmaleinlage von 500 Euro oder eine Anlage ab 50 Euro im Monat möglich. Sollten über den Fonds Erträge erzielt werden, so werden diese einmal im Jahr ausgeschüttet und es erfolgt eine Gutschrift auf Ihr Konto. Je nach Anbieter variieren die möglichen Beträge der Anlage, die Laufzeiten und die Gebühren. Deshalb ist es wichtig, sich umfassend über jeden Anbieter zu informieren, den man in Betracht zieht.

Zum Schluss noch ein letzter hilfreicher Tipp: Die Total Expense Ratio „TER" kann beim Fondskauf hilfreich sein. Bei der TER handelt es sich um eine Kennzahl, durch die Fondspreise transparenter gemacht werden können und die den Anlegern so den Fondsvergleich und die Kaufentscheidung erleichtern kann. Die TER wird auch als Gesamtkostenquote bezeichnet. Sie gibt Auskunft über die Kosten eines Investmentfonds oder ETFs, die jährlich anfallen. Beachten Sie, dass das Agio, also der Ausgabeaufschlag, von dieser Kennzahl nicht erfasst wird. Seit 2004 sind alle Investmentfonds in Deutschland verpflichtet, die TER anzugeben.

Sie finden die Zahl auf jeden Fall, wenn Sie bei „laufende Kosten“ oder im Jahresbericht nachschauen, meist ist sie aber auch schon im Factsheet angegeben, dem Informationsblatt zum jeweiligen Fonds. Allgemein gilt natürlich, je geringer die Kosten, desto höher die Rendite. Dennoch ist das billigste Angebot nicht immer die beste Wahl. Eine hohe TER ergibt sich beispielsweise aus hohen Verwaltungsgebühren für das Fondsmanagement. Je qualifizierter und erfahrener das Management, desto höher natürlich die Gebühren für jenes.

Es kann also sein, dass eine niedrige TER darauf hinweist, dass vielleicht nicht die besten Profis den Fonds verwalten. Um in Erfahrung zu bringen, ob die Höhe der TER gerechtfertigt ist, können Sie beispielsweise mehrere Fondsangebote bezüglich ihrer TER ins Verhältnis setzen. Lesen Sie sich außerdem sorgfältig die genaue Kostenaufschlüsselung im Verkaufsprospekt durch. Aktiv verwaltete Investmentfonds haben eine Verwaltungsgebühr von 1,5 bis 2,5 Prozent. Passiv verwaltete Fonds und ETFs haben in der Regel kein kostenintensives Management. Die TER besteht aber nicht nur aus den Verwaltungskosten für das Management, zu diesen kommt noch die Depotbankgebühr, die Prüfungskosten, die Veröffentlichungskosten und sonstige Betriebskosten hinzu.

Das Fondsmanagement darf nicht eigenständig Wertpapierdepots anlegen, weshalb eine Depotbank die Verwaltung übernimmt, deren Gebühren bei 0,1 bis 0,3 Prozent des Fondsvermögens liegen. Prüfungskosten entstehen dadurch, dass Fondsgesellschaften gesetzlich dazu verpflichtet sind, einmal im Jahr einen Rechenschaftsbericht zu erstellen. Das übernimmt ein Wirtschaftsprüfer und dieser muss dafür bezahlt werden.

Zu den Veröffentlichungskosten zählen Kosten für Anzeigen, Sponsorings, Werbeauftritte, die Erstellung und Herstellung von Prospekten und Broschüren sowie Druckkosten. Sonstige Kosten können zum Beispiel durch unerwartete Anwaltskosten oder ähnliche Dienstleistungen entstehen. Es gibt eine Studie des Bundesverbands Investment und Asset Management e. V., die zeigt, dass der Wert der TER generell bei Aktienfonds größer ist als bei offenen Immobilienfonds und Rentenfonds. Geldmarktfonds haben durchschnittlich die geringste TER. Kosten, die die TER nicht erfasst, sind Transaktionskosten, erfolgsabhängige Verwaltungskosten, Agio, Disagio und andere Anlegerkosten. Transaktionskosten entstehen durch den Kauf und Verkauf von Aktien, da Maklergebühren, Ordergebühren und eine Börsenumsatzsteuer zu zahlen sind. Diese Transaktionskosten sind die größten Kosten eines Fonds.

Vergessen Sie diese deshalb nicht. Oft wird die TER genau dafür kritisiert, dass Sie die Transaktionskosten, die sehr ins Gewicht fallen können, nicht angibt. Manche Fonds bieten den Managern erfolgsabhängige Boni an. Diese verursachen dann die zusätzlichen Verwaltungskosten. Kaufen Sie Fondsanteile, so müssen Sie einen Ausgabeaufschlag zahlen. Erwerben Sie die Anteile an der Börse, wird Ihnen dieser erlassen. Stattdessen werden aber Ordergebühren verlangt, die je nach Broker unterschiedlich hoch sein können.

Haben Sie außerdem auf dem Schirm, dass manche Bankberater eine Provision erhalten, wenn Sie einen Fonds erfolgreich vermitteln. Leider wirkt sich das in seltenen Fällen negativ auf die Beratungsziele aus. Der Bankberater hat dann nicht Ihren größtmöglichen Erfolg zum Ziel, sondern seinen eigenen, nämlich die Provision. Sollten Sie Ihre Fondsanteile an die Fondsverwaltung zurückgeben wollen, dann wird manchmal ein Rückgabeabschlag verlangt, das Disagio. Andere Kosten, die für Sie als Anleger anfallen und nicht in der Gesamtkostenquote enthalten sind, können Gebühren für die Führung eines Depotkontos oder Transaktionskosten für den Kauf und Verkauf Ihrer Aktien an der Börse sein. Sie sehen also, dass die TER nicht die tatsächliche, gesamte Kostenstruktur offenlegt.

Lassen Sie sich deshalb nicht vom Begriff der „Gesamt"-Kostenquote in die Irre führen. Die TER wird in Prozent angegeben, da sie zwei Werte zueinander ins Verhältnis setzt: die Kosten und das durchschnittliche Fondsvolumen. Sie berechnet sich also aus den Kosten, die während eines Jahres durch das Sondervermögen oder das Fondsvermögen beglichen wurden, geteilt durch den Durchschnitt des Fondsvolumens bzw. den durchschnittlichen Gesamtwert des Sondervermögens.

Das Sondervermögen ist das Kapital der Anleger, das durch die Investmentgesellschaft verwaltet wird. Die TER wird immer mit den Zahlen des vergangenen Geschäftsjahres berechnet. Ihr zukünftiger Wert kann sich also verändern. Zum besseren Verständnis hier einmal eine Beispielrechnung: Ein beliebiger Fonds verwaltet eine Million Euro. Die Fondskosten betrugen im vergangenen Jahr 30.000 Euro. 30.000 Euro geteilt durch 1.000.000 Euro ergibt den Wert 0,003. Die TER liegt also bei drei Prozent. Zu wissen, wie sich diese Rechnung zusammensetzt, ist für Sie als Anleger sehr hilfreich, da Sie dadurch ungefähr einschätzen können, wie hoch Ihre Investmentkosten für ein Jahr sein werden. Sollten Sie vom besagten Fonds Anteile in Höhe von 10.000 Euro kaufen wollen, multiplizieren Sie einfach diese 10.000 Euro mit 0,003. Dann bekommen Sie heraus, dass Sie mit ungefähr 300 Euro Investmentkosten für das folgende Jahr rechnen können. Achtung, die TER eignet sich nur zur ungefähren Schätzung der Kosten.

Mit variierender TER variieren auch die Fondskosten. Alternativ können Sie auch andere Kennzahlen zur Information heranziehen. Die

Real Total Expense Ratio (RTER) hat zusätzlich zu den Kostenaspekten der TER die Depotbankgebühren, die Verwaltungs- und Veröffentlichungskosten, die Transaktionsgebühren und die erfolgsabhängige Vergütung inbegriffen. Die Total Cost of Ownership (TOC) enthält alle Kosten für den Fondsbesitz, also auch die Kosten, die auf Ihrer Ebene als Anleger entstehen. Bei Ihrer Kaufentscheidung sollten Sie also die Fondskosten (TER, Transaktionskosten, Performance Gebühren, Agio, Disagio, Depotgebühren, Ordergebühren), das Fondsvolumen, die Rendite und die Kursentwicklung in der Vergangenheit beachten.

Eine weitere Möglichkeit der Immobilien-Beteiligung ist der Kauf von Aktien. Die gewöhnlichen Aktiengesellschaften gehören nicht zu den Immobilienfonds. Auch hier findet die Investition nur in Immobilien statt. Privatanleger können dort Aktien kaufen und am Umsatz beteiligt werden.

2. IMMOBILIENAKTIEN

Immobilienaktien sind Anteile an Firmen, die im Immobiliengeschäft tätig sind. Diese Unternehmen handeln mit Wohn- und Gewerbeimmobilien. In Deutschland sind das beispielsweise der DAX-Konzern „Vonovia" und die MDAX- Unternehmen „alstria office REIT", „Deutsche Wohnen", „LEG Immobilien", „TAG Immobilien", „Deutsche EuroShop" sowie die SDAX-Unternehmen „Adler Real estate", „DIC Asset", „Grand City Properties", „ADO Properties", „PATRIZIA Immobilien", „Hamborner REIT" und „TLG Immobilien". Im Gegensatz zu Immobilienfonds ist das Investieren in Immobilienaktien zeitaufwendiger. Hier müssen Sie sich selbst um den Kauf oder Verkauf Ihrer Aktien kümmern. Sie müssen ein zu Ihren Ansprüchen passendes Unternehmen finden. Verschiedene Unternehmen kaufen und verkaufen, bauen oder vermieten Immobilien und erzeugen dadurch Gewinn. Sie als Anleger investieren dann in das von Ihnen ausgewählte Unternehmen und profitieren von dessen

Einnahmen, das heißt, Sie kaufen Anteile an einem Unternehmen, das bereits viele verschiedene Immobilien besitzt. Im Gegensatz dazu investieren Sie bei einem Fonds direkt in spezielle Projekte. Sie investieren also bei Immobilienaktien nicht direkt in eine Immobilie, sondern vielmehr in eine Immobiliengesellschaft. Da diese Unternehmen/Gesellschaften in unterschiedlichsten Regionen und Ländern verschiedene Immobilien besitzen, ist die Auswahl sehr umfangreich, Sie sollten aber auf das politische Risiko einzelner Länder achten.

Es gibt verschiedene Arten von Immobilienaktien. So haben einige Konzerne nur regionale Geschäfte und andere internationale. Auch die Art der Immobilien kann verschieden sein. Manche Gesellschaften besitzen Wohnimmobilien, andere Gewerbeimmobilien für Hotels, Büros oder den Einzelhandel. Andere Firmen wiederum haben ein breit gefächertes Portfolio. Die Immobiliengesellschaften unterscheiden sich außerdem darin, wie sie ihren Gewinn erzielen. Manche setzen auf die Mieteinnahmen, andere kaufen und sanieren Immobilien, um sie anschließend wieder teuer zu verkaufen. Anders als die klassischen Aktien, die abhängig vom Aktienmarkt steigen oder sinken, passt sich der Wert der Immobilienaktien der Preisentwicklung auf dem Immobilienmarkt an. Wichtig für Sie ist es, bei der Wahl des richtigen Unternehmens auf den „NAV (Net Asset Value / Nettoinventarwert)“ zu achten.

Diese Kennzeichnung zeigt Ihnen den Marktwert aller Immobilien, die im Besitz dieses Unternehmens sind, abzüglich der bestehenden Schulden. Je höher dieser Wert ist, desto profitabler sind die Einnahmen aus den Immobilien dieses Unternehmens. Liegt der Nettoinventarwert unter dem durchschnittlichen Wert der Börse, sollten Sie vom Kauf dieser Aktie absehen, da diese dann sehr teuer ist. Die Vorteile, die sich durch die Investition in Immobilienaktien ergeben, sind die einfache Handhabung, die hohe Ausschüttungsquote und die finanzielle Sicherheit, da Immobilien einen dauerhaften materiellen Wert haben.

Was beeinflusst den Kurs von Immobilienaktien?

Der Preis wird immer durch die Nachfrage bestimmt. So steigt also der Kurs einer Aktie, wenn viele Menschen in diese investieren wollen. Eine große Nachfrage gibt es, wenn zum Beispiel Fondsmanager Immobilienaktien in einem Fonds zusammenfassen oder ein neuer ETF auf die Immobilienbranche ausgelegt wird. Aber zu den ETFs folgen später weitere Informationen. Auch ein allgemeiner Immobilienboom kann die Nachfrage steigern. Genauso steigt diese, wenn der Wohnraum knapp wird. Das steigert den Wert von Immobilien und somit auch den Aktienkurs von Konzernen, die diese Immobilien in ihrem Portfolio haben.

Knapper Wohnraum ist insofern von Vorteil für die Unternehmen, als dass sie leichter und schneller Mieter finden, die dann auch bereit sind, mehr Miete zu zahlen. Vor allem das Zinsniveau hat einen großen Einfluss auf den Kurs von Immobilienaktien. Hohe Zinsen machen es für die Unternehmen teuer, ihre Projekte zu finanzieren. Sie erwirtschaften weniger Gewinn und das wirkt sich negativ auf den Aktienkurs aus. Sinkt das Zinsniveau, dann steigt die Rentabilität und dadurch der Aktienkurs. Zurzeit sind die Aktienkurse von Immobilienunternehmen besonders gut, da das Zinsniveau viele Anleger dazu anregt, sich Alternativen zum klassischen Sparbuch zu suchen, wie zum Beispiel die Investition in Immobilienaktien. Zuletzt begünstigen auch die steigenden Preise am Immobilienmarkt den Aktienkurs, denn durch die höheren Preise können hohe Finanzierungskosten aufgefangen werden. Dadurch lassen sich größere Belastungen in der Bilanz vermeiden, was dann zu guten Aktienkursen an der Börse führt.

Wie funktioniert ein Investment in Immobilienaktien?

Sie brauchen als aller erstes ein Depotkonto, welches Sie bei einer klassischen Filialbank, einer Online-Bank oder bei einer Direktbank eröffnen können. Haben Sie Ihr Depot eingerichtet, dann können Sie loslegen und während der Handelszeiten Immobilienaktien über die Börse kaufen und verkaufen. Haben Sie eine Aktie gekauft, dann können Sie diese entweder halten und die regelmäßig ausgeschütteten Dividenden einstreichen oder Sie verkaufen die Aktie zu einem höheren Preis.

Für die Beteiligung am Immobilienmarkt müssen Sie sich kein bestimmtes Wissen über Immobilien aneignen. Auch ahnungslose Investoren, die keinen Bezug zu Immobilien haben, können hier erfolgreich anlegen. Die Immobiliengesellschaften erledigen die Arbeit in Bezug auf die Immobilien. Hier sehen Sie eine Zusammenfassung zu den Vor- und Nachteilen von Immobilienaktien:

Vorteile:

- regelmäßige Ausschüttung
- einfacher Marktzugang
- Gewinne und Aktienkurs sind in den letzten Jahren durch den Immobilienboom stark gestiegen. Der Immobilienindex DIMAX hat in letzter Zeit um mehr als 80 Prozent zugelegt. Auch günstig für den Kurs ist der aktuelle Niedrigzins der EZB.
- Steigende Preise für Mieten und Wohneigentum sind ein gutes Marktumfeld für Immobilienaktien.
- Das Risiko kann durch Streuung über mehrere Werte verringert werden.
- geringe Kosten (kein Ausgabezuschlag und keine Rücknahmegebühren wie bei Immobilienfonds), sodass man günstig in den Immobilienaktienmarkt einsteigen kann. Kaufspesen betragen maximal ein Prozent.
- Aktien können jederzeit gekauft und verkauft werden und sind damit sehr liquid bzw. fungibel.
- transparenter als offene Fonds

- Auch Kleinanleger können sich durch Aktien ein Immobilienvermögen aufbauen.

Nachteile:

- Kursrisiko durch Kursschwankungen
- Es dauert einige Zeit, bis sich das Investment auszahlt.

REITs als besondere Form von Immobilienaktien

Eine besondere Form von Immobilienaktien sind sogenannte REITs „Real Estate Investment Trusts“. REITs sind Immobilien-Aktiengesellschaften mit börsennotierten Anteilen. Sie besitzen und verwalten Immobilien. Das können normale Wohnhäuser sein, aber auch Krankenhäuser, Einkaufszentren, Bürogebäude, Logistikimmobilien und andere. REITs sind somit spezielle Mischformen aus Unternehmen und Fonds, die in Immobilien investieren. Solche börsengehandelten Beteiligungen versprechen bis zu 20 Prozent Dividendenrenditen, was enorm hoch ist. Das Besondere ist, dass es sich zwar um Aktien handelt, diese aber nicht mit dem Aktienmarkt korrelieren.

Es wird in Immobilien investiert und trotzdem können Anleger sie relativ günstig erwerben. REITs sind verpflichtet, den Großteil des Gewinns als Dividenden an die Anleger auszuschütten, häufig bis zu 80 oder 90 Prozent. Sind die Leerstandsquoten und das Zinsniveau niedrig und die Mietverträge lang, so können Sie hier ziemlich zuverlässig langfristig passives Einkommen generieren. Manche REITs schütten sogar monatlich Geld aus.

Dazu gehört beispielsweise der REIT „Realty Income – The Monthly Dividend Company”. Dadurch, dass REITs börsennotiert sind, bieten sie Ihnen als Anleger die größtmögliche Flexibilität. Sie können Ihre Investments streuen und sind weitestgehend unabhängig. Bekannte deutsche

REITs sind der „Alstria Office REIT“ und die „Hamborner REIT“. Für REITs gelten besondere Bestimmungen. In Deutschland ist es so, dass sie mindestens 90 Prozent des Gewinns ausschütten müssen. Der Gewinn berechnet sich hierzulande nach dem Handelsgesetzbuch (HGB). Der Anlageschwerpunkt muss sich des Weiteren in Deutschland befinden. Genauer bedeutet das, dass 75 Prozent der Investitionen in Deutschland angelegt sein müssen.

Das Kerngeschäft soll der Immobilienmarkt sein. Auch die Verschuldung wird hierzulande beschränkt, sie darf maximal 55 Prozent des Gesellschaftsvermögens betragen. Anders ist es in den USA. Dort unterscheidet man erst einmal zwischen Mortgage-REITs, Equity-REITs und Hybrid-REITs. Mortgage-REITs investieren direkt in Immobilien, Equity-REITs investieren in Immobilienkredite und Hybrid-REITs investieren in beide Möglichkeiten, je nach Verfügbarkeit und Bedarf.

Auch hier müssen die REITs 90 Prozent ihres Gewinns ausschütten. Steuerlich können diese Ausschüttungen aber als Betriebsausgaben geltend gemacht werden und bleiben damit steuerfrei. Das ist in Deutschland nicht möglich. In Singapur muss sogar der vollständige Gewinn ausgeschüttet werden und die Einnahmen müssen in den ersten Jahren mit 10 Prozent versteuert werden. Es gibt auch viele weitere Länder, in denen es REITs gibt, zum Beispiel Frankreich, Großbritannien, Kanada, Australien und Japan.

Steuerliche Richtlinien

Der Gewinn der REITs wird normalerweise auf der Anlegerseite besteuert, nicht auf der Unternehmensseite. Für Sie als Anleger bedeutet das in Deutschland konkret, dass Sie Ihre Dividenden als Einkommen aus Kapitalerträgen angeben müssen und dann mit 25 Prozent Abgeltungssteuer versteuern müssen. Haben Sie Geld in REITs in anderen

Ländern investiert, so gelten die Regelungen des jeweiligen Ursprungslands. In den USA müssen Sie die Quellensteuer zahlen und in Großbritannien genießen Sie als deutscher Investor sogar Steuerfreiheit auf Ihre Ausschüttungen.

Wie sind REITs zu bewerten?

Es gibt unterschiedliche Verfahren, um den Börsenwert von REITs einzuschätzen. Am einfachsten ist es, den Wert mit anderen REITs des gleichen Landes und mit ungefähr gleichem Anlageschwerpunkt zu vergleichen. Diese Art ist zwar einfach, berücksichtigt aber andere wichtige Faktoren nicht. Dazu zählen Ausschüttungsquote, Kapitalstruktur, Management und Standortfaktor der Immobilie. Deshalb sollten Sie sich am besten auch den Discounted Cashflow ansehen und die Entwicklung der einzelnen Cashflows betrachten. Eine gute Kennzahl ist außerdem der NAV. Was das ist und wie Sie ihn zur Bewertung heranziehen, wissen Sie ja bereits. Am wichtigsten ist für Sie die Regelmäßigkeit der Dividende. Wenige REITs schütten diese monatlich aus. Klassischerweise werden Dividenden im Quartalsrhythmus ausgezahlt oder, wie es in Deutschland der Fall ist, jährlich.

Die Mieteinnahmen sollten Sie sich ebenfalls auf jeden Fall anschauen, da diese das wesentliche Einkommen der Immobiliengesellschaften darstellen. Überprüfen Sie, ob die Mieten in den letzten Jahren konstant waren, gestiegen oder sogar eingebrochen sind.

Stellt sich zuletzt noch die Frage, ob für Sie die Investition in REITs oder in klassische Immobilienaktien sinnvoller ist. Investieren Sie in klassische Dividenden-Aristokraten, also in Aktien von erfolgreichen Unternehmen mit konstant wachsenden Umsätzen, so haben Sie eine viel größere Auswahl und je nach Situation können Sie sehr gute Investmentchancen mit langfristigen Erfolgsaussichten haben. REITs sind üblicherweise mit hohen Fixkosten verbunden, da ihr Fokus auf Immobilien liegt. Sie sind zudem mit hohen Anfangsinvestitionen verbunden, die sich unbedingt langfristig rentieren sollten. Klare Vorteile von REITs sind aber sehr niedrige Finanzierungskosten und die hohe Dividendenrendite von fünf bis 20 Prozent, durch die der Cashflow gesteigert werden kann.

Dividenden-Aristokraten haben ein geringeres Prozentniveau, was die Rendite angeht. Oft liegt diese bei nur zwei bis vier Prozent. Dafür gibt es allerdings ein Wachstumspotenzial, das langfristig höhere Renditen ermöglicht. Bei REITs ist das Wachstumspotenzial eher beschränkt. Möchten Sie in REITs investieren, so geht das nur über eine Depotbank. Letztendlich muss das jeder für sich selbst entscheiden, aber dieses Kapitel sollte Ihnen alle nötigen Informationen geliefert haben, die Sie für eine fundierte Entscheidung brauchen. Sind Ihnen Aktien dennoch zu teuer, so ist vielleicht das Immobilien-Crowdinvesting für Sie interessant.

3. IMMOBILIEN-CROWDINVESTING

Die grundlegende Idee des Immobilien-Crowdinvesting (auch Schwarmfinanzierung, engl. Real-Estate-Crowdinvesting, REC/RECI) ist, dass eine große Menge an Menschen, die sogenannte „Crowd", zusammen finanzielle Mittel für ein Projekt sammelt. Hierbei beteiligen sich mehrere Personen an größeren Projekten oder Immobilien mit eher kleineren Geldsummen. Das Crowdinvesting ist eine Form des Crowdfundings. Diese Form des Investments nennt man deshalb auch Equity-Based-Crowdfunding. Definiert wird Crowdfunding als ein öffentlicher Aufruf für die Bereitstellung von Ressourcen, entweder als Spende oder im Austausch gegen eine Belohnung, wobei Letzteres für Ihre Zwecke interessant ist. Allgemein kann man Crowdfunding in vier Grundtypen unterscheiden:

- *Crowddonating:* Die Geldgeber erhalten keine Gegenleistung für ihren Beitrag. Sie spenden also ihr Geld.
- *Crowdsupporting*: Hier erhalten die Geldgeber eine Gegenleistung, allerdings nicht in Form von Geld. Als Belohnung können unterschiedlichste Sachen nicht-monetärer Form erhalten werden.
- *Crowdlending:* Beim Crowdlending hat der Geldgeber einen Anspruch auf Rückzahlung und Verzinsung seines Geldes. Er verleiht es nur für eine bestimmte Zeit.
- *Crowdinvesting:* Diese Form des Crowdfundings ist eigenkapitalorientiert. Hier werden die Geldgeber für ihre Investition am Unternehmen oder an dessen Gewinnen beteiligt. Sie als Anleger werden direkt am Eigenkapital beteiligt und erhalten Ihre Erfolgsbeteiligung durch ein Eigenkapitalsubstitut. Dabei sind normalerweise das kapitalsuchende Unternehmen oder eine Zweckgesellschaft für eine bestimmte Projektfinanzierung, die potenziellen Investoren und die Plattform zuständig. Crowdinvesting kann über die eigene Homepage erfolgen, sehr viel häufiger wird dieser Prozess aber durch spezielle Crowdinvesting-Plattformen abgewickelt.

In diesem Abschnitt soll es um die letztere Form gehen. In Deutschland gibt es das Crowdinvesting ungefähr seit 2011, also noch nicht besonders lange. Das Kapital, das in Deutschland durch Crowdinvesting investiert wurde, hat sich in den letzten Jahren um einiges vervielfacht, vor allem durch das Immobilien-Crowdfunding. Wurden 2011 nur 1,4 Mio. Euro über diese Anlageform investiert, so waren es 2018 bereits 297,3 Mio. Euro. Diese Zahlen zeigen, dass Crowdinvesting immer beliebter wird.

Die Beteiligung erfolgt durch das Internet über Online-Plattformen. Verschiedene Unternehmen kommen hier zusammen, um Ihre Projekte vorzustellen und möglichst viele Geldanleger zu finden. Hohe Renditen sind das Ziel der Investoren und machen diese Art der Kapitalanlage für viele interessant. Jede Kapitalbeteiligung ist aber trotz des geringen Geldeinsatzes mit hohem Risiko verbunden. Ist das Projekt nicht erfolgreich, können die Investoren ihren Einsatz verlieren. Finanziert werden Startups, Immobilien und auch zahlreiche Projekte im Filmbereich oder in der Branche für erneuerbare Energien. Meist handelt es sich bei den gewöhnlichen Crowdinvestings aber um Start-Up-Unternehmen. Die Immobilien-Crowdinvestoren investieren jedoch nur in Immobilien, egal, ob eine Bestandsimmobilie, ein Projekt, ein angehender Bau oder ein Grundstück.

Die Immobilie wird anfangs konkret benannt und lässt somit den Investoren die Wahl offen, sich zu beteiligen. Auf der jeweiligen Online-Plattform finden die Anleger die genauen Informationen zum Projekt und können dann selbst entscheiden, ob sie mitmachen wollen oder nicht. Der Schwarm, der aus den einzelnen Investoren besteht, stellt sein Eigenkapital, das aus den kleinen Beträgen der Mikroinvestoren entstanden ist, dem Finanzierungsnehmer oder dem Bauträger des Projektes zur Verfügung. In Form von Zinsen entschädigt dieser das eingegangene Risiko der Investoren. Wie viel dabei zusammen kommt, hängt vom Ertrag der finanzierten Immobilie ab. Mitwirkungs- oder Mitspracherechte erhalten die Investoren nicht. Der Bauträger kann durch das Eigenkapital der Investoren einer teuren und langen Finanzierung bei der Bank aus dem Weg gehen. „Mezzanine-Kapital“ nennt sich diese Art von Eigenkapital, eine Mischung aus Fremd- und Eigenkapital. Jedoch ist es eher selten der Fall, dass das Immobilienprojekt nur durch das Crowdfunding allein gestemmt werden kann, aber es ist oftmals für viele Bauträger die einzige Möglichkeit, durch das „Mezzanine-Kapital“ bessere Konditionen bei der Bank zu erhalten und somit eine Finanzierung überhaupt realisieren zu können. Generell gibt es aber drei verschiedene Beteiligungs- bzw. Finanzierungsformen:

- *Stille Beteiligung:* Das ist die häufigste Form der Finanzierung. Sie stellen dem Beteiligungsunternehmer als Kapitalgeber Ihre Einlage für eine gewisse Zeit zur Verfügung und treten dabei nach außen hin nicht in Erscheinung. Nachfolgend erwerben Sie dadurch das Recht, am Gewinn des Unternehmens beteiligt zu werden und Ihr Kapital am Ende der Laufzeit zurückzuerhalten. Sie gehen einen privatrechtlichen Vertrag mit dem Unternehmen ein. Somit ist die stille Beteiligung relativ unkompliziert. Sie bekommen als Kleininvestor umfangreiche Informationen zur laufenden Entwicklung des Projekts, haben aber keine Mitsprache- oder Stimmrechte.
- *Genussrechte:* Erhalten Sie Genussrechte, so erhalten Sie schuldrechtliche Ansprüche gegen die Gesellschaft auf Teilnahme am Gewinn. Diese Rechte erwerben Sie, ohne Gesellschafter zu sein. Genussrechte haben normalerweise eine Laufzeit von fünf bis zehn Jahren. Ist diese Zeit um, wird die Genusskapitaleinlage zurückgezahlt. Genussrechte bieten Ihnen eine hohe Flexibilität bezüglich Gewinn- und Verlustbeteiligung, Kündigung, Laufzeit und Rückzahlungsabläufen. Da Sie aber kein Gesellschafter sind, haben Sie keine Mitgliedschafts-, Verwaltungs- oder Stimmrechte. Auch Ihre Informations- und Kontrollrechte sind eingeschränkt. Achtung: Genussrechte beteiligen Investoren nicht an Wertsteigerungen des Unternehmens. Geben Crowdinvesting-Portale solche Rechte aus, so sind die Verträge meistens standardisiert.
- *Partiarische Nachdarlehen:* Ein Nachdarlehen ist ein Kredit, bei dem die Ansprüche hinter denen anderer Fremdkapitalgeber zurücktreten, sollte der Insolvenzfall eintreten. Die Unternehmen unterliegen aber bestimmten Berichts- und Verhaltenspflichten

gegenüber den Nachdarlehensgebern. Der Darlehensgeber wird durch eine variable, gewinnabhängige Komponente am Gewinn beteiligt. Am Verlust wird er nicht beteiligt. Auf der Plattform „Seedmatch" sind die Renditepotenziale der partiarischen Nachdarlehen dargestellt. Dort gibt es einen jährlichen Zins von einem Prozent und jährliche Bonuszinsen, die vom Gewinn abhängen. Diese Bonuszinsen beinhalten die Renditechancen. Im Insolvenzfall besteht für Sie aber das Risiko des Totalverlusts.

Rechtliche Richtlinien

Da es das Crowdfunding in Deutschland noch nicht so lange gibt, existieren noch keine spezifischen gesetzlichen Regelungen. Es gelten die allgemeinen Regeln des Kapital- und Bankmarkts und des Handels- und Gesellschaftsrechts. Zum Schutz der Investoren gibt es die Prospektpflicht, die durch das Kleinanlegerschutzgesetz (KASG) und das Vermögensanlagengesetz (VermAnlG) geregelt wird. Von dieser Pflicht ausgenommen sind Kleinemissionen, die nicht größer als 100.000 Euro in 12 Monaten sind. Weiterhin geben die Gesetze vor, dass Kleininvestoren nicht mehr als 10.000 Euro pro Projekt investieren dürfen. Ab 1.000 Euro investiertem Kapital muss der Anleger ein Vermögen von mindestens 100.000 Euro oder die Tatsache, dass er nicht mehr als zwei Netto-Monatsgehälter anlegt, nachweisen. Diese Art der Geldanlage zählt als sehr demokratisch, da jeder, egal mit welchem Einkommen, die Möglichkeit auf Beteiligungen hat.

Die Chance auf eine meist überdurchschnittliche Rendite in einem relativ kurzen Zeitraum (18-48 Monate) macht das Immobilien-Crowdinvesting für viele zu einer interessanten Anlagemöglichkeit. Auch Kleinanleger können hohe Zinseinnahmen generieren, ohne hohe zusätzliche Kosten tragen zu müssen. Durch die Steuerung des Kapitals auf viele verschiedene Projekte können Sie einen „Totalverlust" eingrenzen. Bei einer Insolvenz eines Bauträgers ist somit nicht das ganze Geld der

Anleger verloren, da die Investition in mehrere Projekte stattfand. Kann das Projekt schnell und erfolgreich umgesetzt werden, ist eine vorzeitige Rückzahlung des Kapitals möglich. Je nach Plattform ist es unterschiedlich, inwieweit die Investoren über die Entwicklung der Immobilie informiert werden. Jedoch ist es bei größeren Plattformen meist so, dass man alle 3 Monate ein Update über die Geschäftsentwicklung erhält. Bei der Steuerangabe haben Sie zu beachten, dass Sie Ihre Einnahmen als Kapitaleinkünfte eintragen müssen. Hier gilt eine Abgeltungssteuer von 25 Prozent zuzüglich Solidaritätszuschlag und Kirchensteuer.

Wie wählen die Portale die Crowdinvesting-Projekte aus, die sie anbieten?

Keine Crowdinvesting-Plattform ist verpflichtet, ihre Vorauswahl zu prüfen. Dennoch lassen die meisten Plattformen meist nur seriöse und erfolgversprechende Projekte zu, um ihre Seriosität zu beweisen und sich auf dem Markt zu etablieren. Anforderungen umfassen

- ein verständliches und zukunftsorientiertes Geschäftsmodell,
- ein fertiges Produkt,
- ein klares Alleinstellungsmerkmal,
- eine bereits gegründete Kapitalgesellschaft und
- die Bereitschaft, die Idee einem großen Publikum vorzustellen.

Häufig müssen sich die Bewerber, die über eine Plattform Kapital sammeln wollen, einem Auswahlverfahren unterziehen. Bei der größten deutschen Plattform „Seedmatch" müssen Bewerber sich zunächst registrieren und anschließend eine Executive Summary einsenden. Können sie mit ihrer Geschäftsidee überzeugen, so müssen sie der Plattform einen ausgereiften Businessplan vorlegen. Experten prüfen diesen dann auf Eignung und Potenzial. Ist dieser Test bestanden, wird ein Funding-Vertrag aufgesetzt und die Präsentation der Geschäftsidee auf der Website wird freigeschaltet. Das Crowdinvesting kann beginnen. Auch die

Plattformen „Companisto", „Foundingcrowd", „Innovestment" und „Mybusinessbacker" haben solche Auswahlverfahren. Sie sehen also, wenn Sie sich an die großen renommierten Crowdinvesting-Plattformen halten, so können Sie sich in der Regel darauf verlassen, dass die Projekte seriös sind, in die Sie investieren.

Welche Crowdinvesting-Plattformen gibt es?

Die größten deutschen Plattformen sind „Bergfürst" und „Rendity." Die Bergfürst AG hat ihren Sitz in Berlin und hat bereits 65 Projekte finanziert. Rendity ist ein österreichisches Unternehmen mit Sitz in Wien. Die Plattform bietet vorwiegend Investments in Immobilienprojekte in Österreich an. Weitere Portale sind „Exporo", über das bereits 210 Projekte finanziert wurden, „HOME ROCKET", welches Investments in Immobilien in Deutschland und Österreich ermöglicht, „Finnest", „dagobertinvest" und „REVAL".

Wie genau funktioniert Crowdinvesting?

Hat sich das Unternehmen, das Kapital sammeln möchte, für eine Plattform und eine Beteiligungsform entschieden, beginnt der eigentliche Crowdinvesting-Prozess. Das Portal präsentiert auf seiner Seite alle wichtigen Informationen über die Geschäftsidee und die Finanzkennzahlen des Unternehmens. Bei jedem Immobilien-Crowdinvesting wird ein Zeitraum gesetzt, in welchem das festgelegte Gesamtvolumen des Projektes erreicht werden soll. Dieser Betrag ist nach oben hin durch das Funding-Limit begrenzt. Bei sehr erfolgreichen Crowdfundings kann es sogar passieren, dass nicht alle Interessierten in das Projekt investieren können, da das Limit nicht überschritten werden darf. Für solche Fälle greifen die Auswahlverfahren der Portale, die meistens nach dem Prinzip „First-come-first-serve" oder mittels einer Auktion funktionieren. Kommt das benötigte Mindestkapital (Fundingschwelle) oder sogar mehr zustande, wird das Immobilien-Projekt realisiert. Wird die

Fundingschwelle nicht erreicht, kann die Plattform mit Zustimmung des Bauträgers den gesetzten Zeitraum verlängern. Eine andere Möglichkeit wäre, dass der Projektträger weniger Geld aufnimmt. Tritt keine der beiden Möglichkeiten ein, geht das Geld an die Anleger zurück. Nach dem Beschluss, das Projekt zu realisieren, wird das Geld von der Plattform weitergeleitet.

Ein Zahlungsdienstleister verwaltet das Kapital auf einem Treuhandkonto und überweist dieses dann bei Fälligkeit an den Projektträger. Die Anleger werden regelmäßig über das Vorhaben informiert. Die Verzinsung des Kapitals wird meist durch einen Festzins bestimmt, welcher je nach Risiko, Ausschüttung und Laufzeit unterschiedlich ausfällt. Dieser wird meist einmal im Jahr oder erst am Ende der Laufzeit ausbezahlt. Diese Laufzeiten können sehr unterschiedlich sein. Bei stiller Beteiligung liegen sie meistens bei nur drei bis vier Jahren, können aber auch bis zu neun Jahre lang sein. Häufig werden die Laufzeiten von den Plattformen individuell mit den Unternehmen abgesprochen. Im Durchschnitt liegt die Beteiligungsdauer zwischen drei und zwölf Jahren.

Die Unternehmen, die sich über Crowdinvesting finanzieren, sind in der Regel noch sehr jung und bestehen oft erst seit drei bis fünf Jahren. Im Gegensatz zu anderen passiven Einkommen, wie zum Beispiel Immobilienfonds, liegen hier die Kosten, die für Sie für Verwaltung und Einstieg anfallen, bei null. Für die Unternehmen allerdings entstehen Crowdinvesting-Kosten, denn viele Plattformen erheben Gebühren für die Aufnahme und verlangen eine Erfolgsprovision in Höhe eines gewissen Prozentsatzes, der zwischen fünf und zehn Prozent liegt. Außerdem arbeiten einige Plattformen Ratings für die Unternehmen aus, die dann von diesen bezahlt werden müssen, genauso wie sie die Kosten für Dienste wie Präsentation, Funding und Vertragsgestaltung tragen müssen. Viele Plattformen bieten auch zusätzliche Angebote, für die

Gebühren anfallen, an und es müssen Gebühren für die Zahlungsabwicklung entrichtet werden.

Um Ihr Vorhaben in die Tat umzusetzen, melden Sie sich nun ganz einfach auf einer Plattform an. Dort müssen Sie meistens Ihre Kontaktdaten hinterlegen und eine Ausweiskopie einreichen, mehr nicht. Nach der erfolgreichen Registrierung können Sie in aktuelle Immobilienprojekte investieren. Ein Investment funktioniert über ein paar einfache Klicks. Wählen Sie Ihr Projekt aus, dann müssen Sie durch ein Häkchen bestätigen, alle relevanten Dokumente, die Ihnen angezeigt werden, gelesen zu haben. Anschließend wird Ihnen die Bankverbindung der Plattform angezeigt. Das wars schon. Sehr unkompliziert also. Auf dieses Konto müssen Sie Ihre Investmentsumme überweisen. Achten Sie darauf, die richtige Kennung anzugeben, damit die Plattform anschließend Ihr Investment dem richtigen Projekt zuweisen kann.

Probleme, die beim Crowdinvesting auftreten können

Zwischen den Kapitalgebern und den Unternehmen können einige Probleme auftreten, über die ich Sie nun informieren möchte.

- Zum einen gibt es den Umstand, dass „gute Unternehmen“ nicht auf Crowdinvesting für ihre Finanzierung angewiesen sind, da sie erfolgreich genug sind, auch anders ihre Finanzierungspläne zu verwirklichen. Im Umkehrschluss bedeutet das, dass die Unternehmen, die Kapital über Crowdinvesting sammeln, „schlechte Unternehmen“ sind. Beachten Sie, dass das nicht bedeutet, dass Unternehmen, die auf Crowdinvesting setzen, niemals erfolgreich sind bzw. werden können. Andersherum bedeutet es für die Unternehmen aber auch, dass sie die tatsächliche Zahlungsbereitschaft der potenziellen Geldgeber nicht kennen. Diese könnten auch die Absicht haben, mehr über die Geschäftsidee zu erfahren, um diese Informationen anschließend für ihren eigenen Businessplan zu nutzen. Letztendlich bedeutet das, dass sowohl die Geldgeber als auch die Unternehmen ein gewisses Risiko eingehen.

- Weiterhin kann es zum Problem werden, dass die Kapitalgeber nicht alle Handlungen des Managements genau überprüfen können und einige Zeit von dessen Entscheidungen abhängig sind. Beispielsweise haben Sie als Anleger nicht die Möglichkeit, gegen, Ihrer Meinung nach, zu hohe Gehaltsauszahlungen vorzugehen. Sie müssen dem Management vertrauen, im Interesse beider Parteien, also Unternehmen und Investoren, zu agieren.

Am Ende läuft es auf ein gutes Maß an gegenseitigem Vertrauen hinaus, ohne das Crowdinvesting nicht funktionieren würde. Wenn Sie sich für diese Form der Geldanlage entscheiden wollen, dann sollten Sie unbedingt ein paar wichtige Punkte beachten.

Worauf müssen Sie beim Crowdinvesting achten?

Investieren Sie nur in eine Immobilie, wenn Sie das Unternehmen und vor allem auch die Bedingungen sorgfältig geprüft und verstanden haben. Sie sollten den Projektinitiatoren vertrauen können und ein gutes Gewissen bei Ihrer Investition haben. Achten Sie auf seriöse Anbieter und Plattformen. Des Weiteren sollten Sie niemals mehr investieren, als Sie als Verlust tragen können. Haben Sie ein schlechtes Gefühl, dann investieren Sie lieber kleinere Beträge.

Setzen Sie auf viele verschiedene Investments, um das Risiko zu mindern und möglichst viel Gewinn zu erzielen. Am besten geeignet ist diese Form der Anlage für Anleger, die vorwiegend selbstbestimmt handeln wollen und bereit sind, für höhere Renditechancen ein größeres Risiko einzugehen, dabei aber auch auf die Wertbeständigkeit und auf die aktuelle Beliebtheit der Immobilien zu achten. Zum Schluss möchte ich Ihnen noch ans Herz legen, dass Sie nicht blind anderen Investoren hinterherlaufen, sondern immer versuchen sollten, Ihren eigenen Weg zu gehen. Jeder Investor hat andere Bedürfnisse, diese sollten Sie ganz klar für sich herauskristallisieren und Ihre eigene Strategie entwickeln. Damit werden Sie sicher die bessere Route fahren, als dem Strom hinterher zu schwimmen.

Risiken und Anlegerschutz

Es gibt grundsätzlich zwei Dinge, die schief gehen können: Entweder der Immobilienentwickler gerät in Finanzierungsschwierigkeiten oder die Plattform geht insolvent. Immobilienentwickler bekommen dann Probleme, wenn unerwartete Kosten, Probleme mit dem Zeitplan oder rechtliche Schwierigkeiten auftreten. Besonders junge Plattformen sind anfällig für eine Insolvenz, da sie sich wie jedes andere Start-Up erst auf dem Markt etablieren und zu einem starken Unternehmen wachsen müssen. Sollte nun ein Projekt tatsächlich scheitern, was in der Realität eher selten vorkommt, da die Plattformen diese sehr sorgfältig prüfen und auswählen, dann ist der Großteil Ihres Geldes sehr wahrscheinlich verloren. Ein Nachdarlehen erfolgt erst ganz am Ende eines Insolvenzverfahrens. In der Regel bekommt man bei Insolvenz und Konkurs nur bis zu 20 Prozent der ursprünglich investierten Summe zurück.

Das Scheitern eines Projekts ist aber zum Glück nur selten der Fall. Trotz der streng geprüften Projektauswahl der Plattformen sollten Sie sich aber unbedingt selbst ein Bild darüber machen und Informationen zu den Projekten und Entwicklern beschaffen. Im Internet finden Sie normalerweise Informationen zu vergangenen Projekten der jeweiligen Immobilienentwickler. Es gibt oft noch zusätzliche Maßnahmen, die das Risiko des jeweiligen Immobilienprojekts verringern sollen. Diese sind in der Projektbeschreibung aufgeführt.

Das Risiko Ihres Immobilieninvestments kann durch Bürgschaften der Geschäftsführer oder anderer Gesellschaften, durch abstrakte Schuldanerkenntnisse, durch eingetragene Grundschulden, durch eine hohe Eigenkapitalsumme, durch eine hohe Vorverwertung, durch die gute Lage der Immobilie, durch eine späte Projektphase, durch ein Zinsdepot oder Treuhandkonto und durch erfahrene Immobilienentwickler minimiert werden. Welche dieser Möglichkeiten für das Projekt Ihres Interesses zutrifft, können Sie in der Beschreibung nachlesen.

Hier sehen Sie eine Zusammenfassung der Vor- und Nachteile des Immobilien-Crowdinvestings:

Vorteile:

- Verwaltung und Einstieg kostenfrei
- Beteiligung schon ab relativ kleinen Geldbeiträgen möglich (zwischen 10 und 250 Euro)
- transparent für Anleger und Investoren
- oft zusätzliche exklusive Rabatte für Geldanleger
- direkte Investition in Wertanlagen
- die Plattform kann für die Expertise Grundbesitz nutzen
- einfache Handhabung durch die einfach gestalteten Plattformen
- keine Nachschusspflicht oder Kursschwankungen
- Kapitaleinsatz ist an vorher bestimmte Immobilie gebunden
- hohe Rendite von bis zu acht Prozent
- vorzeitige Kapitalrückzahlung
- Sicherheit für die Anleger durch Grundschuldeintragung oder Gewinnabtretungsvertrag

Nachteile:

- Totalverlust des gesamten Kapitals möglich, wenn nur in ein Projekt investiert wurde
- Bei Insolvenz des Projektes gehen die Investoren leer aus
- während der Laufzeit steht das investierte Geld nicht zur Verfügung
- Investitionen sind begrenzt / Vermögen muss vorgewiesen werden
- Risiken des Immobilienmarktes können sich negativ auswirken
- Konkurs/ Insolvenz des Trägers oder Zahlungsdienstleisters denkbar
- erstrangige Forderungen werden zuerst beglichen, dann Anlegerforderungen

Für eine bessere Anschaulichkeit folgt nun noch ein Rechenbeispiel, damit Sie wissen, welche Erträge und Zinsen Sie erwarten können. Zinsen liegen meistens bei vier bis 7,5 Prozent im Jahr. Die meisten Crowdinvesting-Plattformen schreiben eine Mindestsumme für ein Investment vor. Diese liegt bei dem Anbieter Bergfürst bei 250 Euro, bei Rendity sind es sogar 500 Euro. Häufig gibt es auch ein Maximum. Als deutscher Privatanleger können Sie bei Bergfürst maximal 25.000 Euro pro Projekt investieren, bei Rendity sind es höchstens 10.000 Euro. Diese Beträge variieren aber von Land zu Land, so gibt es beispielsweise kein Limit für österreichische Privatinvestoren.

Gehen wir nun einmal davon aus, dass Sie 10.000 Euro investieren. Erhalten Sie 4,5 Prozent Zinsen, dann beträgt Ihr Vermögen im 1. Jahr 10.450 Euro, im zweiten Jahr 10.900 Euro und im dritten Jahr 11.350 Euro. Bei einem Zinssatz von 6 Prozent bedeutet das ein Vermögen von 10.600 Euro im ersten Jahr, 11.200 im zweiten Jahr und 11.800 im dritten Jahr. Sollten Sie sogar 7,5 Prozent Zinsen erhalten, dann umfasst Ihr Vermögen im ersten Jahr 10.750 Euro, im zweiten 11.500 Euro und im dritten 12.250 Euro. Die Verzinsung beginnt, wenn Ihr Geld bei der

Plattform eingegangen ist und die Widerrufsfrist von 14 Tagen vorbei ist. Je höher der Zinssatz und das anfängliche Investment, desto höher ist das passive Einkommen, das Sie über eine relativ kurze Zeit generieren können.

4. IMMOBILIEN-ETFS

„Exchange Traded Funds – börsengehandelte Fonds“ werden nicht wie die klassischen Fonds aktiv durch die Einschätzung eines professionellen Fondsmanagers gesteuert. Sie bilden passiv die Entwicklung eines Indexes nach, was man auch Replikation nennt. Ein Index ist eine Gruppe aus mehreren Aktien, von denen die Kursentwicklung zusammengefasst wird. Bei einem ETF wird nicht ein Einzelwert investiert, sondern Sie investieren in eine sehr große Anzahl verschiedener Gesellschaften. Somit ist das Risiko für Verluste um einiges geringer. ETFs bieten eine Mischform zwischen Wertpapieranleihen und Investitionen in verschiedene Immobiliengesellschaften. Zum Vergleich: REITs beschränken sich auf die Beteiligung an börsennotierten Unternehmen, die sich als Kapitalgesellschaft um Besitz und Verwaltung von Immobilienobjekten kümmern. In Deutschland gibt es Immobilien-ETFs erst seit 2007. Bei einem Immobilien-ETF wird der Index aufgrund der Aktien verschiedener Immobilienunternehmen ermittelt.

Dabei werden viele verschiedene Aspekte berücksichtigt, wie zum Beispiel, ob die Immobilien gewerblich genutzt oder vermietet werden und in welcher Region diese liegen. Hierbei werden fünf verschiedene Regionen differenziert: USA, Global, Europa, Eurozone und Asien. Die bekanntesten Indizien für Immobilien werden von der European Public Real Estate Association veröffentlicht. Diese arbeitet hierfür mit dem Indexanbieter FTSE aus Großbritannien und der National Association of Real Estate Investment Trusts aus den USA zusammen. Börsengehandelte Fonds bieten viele ansprechende Vorteile für Sie. Da Sie für die

Investition in ETFs keine Gebühren für einen Fondsmanager begleichen müssen, ist diese sehr kostengünstig.

Die Auswahl der einzelnen Immobilien müssen Sie ebenso nicht selbst treffen. Da Immobilien-ETFs viele verschiedene Wertpapiere besitzen, müssen Sie die Diversifikation (Auswertung) nicht eigenständig vornehmen. Ihre Investition kann jederzeit verkauft werden und stellt für Sie keine feste Verbindlichkeit dar. Für viele Anleger ist diese Flexibilität ein großer Faktor für die Investition in ETFs. Ein größeres Risiko als bei anderen Möglichkeiten des passiven Einkommens durch Immobilien sind die hohen Kursschwankungen. Wie sich der Markt für ETFs entwickelt, hängt von sehr vielen Faktoren ab. In den letzten Jahren wurde aber eine positive Entwicklung verzeichnet, was auf die günstigen Bauzinsen und den Niedrigzins der EZB zurückzuführen ist. Besonders in Ballungsräumen und Großstädten steigt die Nachfrage nach neuem Wohnraum ständig. Durch ETFs kann diese Branche gut unterstützt werden. Es gibt besondere gesetzliche Regelungen.

Rechtliche Rahmenbedingungen

Spekulation oder Handel mit Immobilien verbietet der Gesetzgeber. Mindestens 75 Prozent des Gewinns müssen passiv durch Immobilien erreicht werden. Immobilien müssen außerdem mindestens 75 Prozent des Gesamtvermögens ausmachen. Es gibt auch Regeln, die Kleininvestoren vor dem Einfluss mächtiger Großaktionäre schützen sollen, indem nur maximal zehn Prozent des Investitionsvolumens an solche verkauft werden dürfen. So erhält nicht ein einzelner Geldgeber übermäßig viel Einfluss bei den Aktionär-Versammlungen. Mindestens 90 Prozent der Gewinne müssen ausgeschüttet werden.

Welche Immobilien-ETFs gibt es?

Als Erstes möchte ich erklären, wie sich ETF-Bezeichnungen überhaupt zusammensetzen, da sie durchaus sehr lang und verwirrend sein können. Am Anfang steht die Fondsgesellschaft, wie beispielsweise „Lyxor“. Es folgt der Indexname (z.B. „FTSE EPRA/NAREIT Global Developed“) und manchmal noch weitere Angaben. Oft wird auch die Wertpapierkennnummer (WKN) angegeben, durch welche die verschiedenen ETF-Produkte besser zugeordnet werden können. Ein Paket, welches ca. zur Hälfte Immobilienanlagen aus den USA enthält, ist der „iShares Development Markets Property Yield ETF“. Der „Amundi FTSE Epra Europe Real Estate ETF“ stützt sich nur auf europäische Immobiliengesellschaften. Etwas größere ETFs sind der „iShares STOXX Europe 600 Real Estate ETF“, der „SPDR Dow Jones Global Real Estate UCITS ETF“ und der „iShares Developed Markets Property Yield UCITS ETF”. Die bekanntesten ETF-Anbieter sind iShares, Comstage, Lyxor und db x-trackers.

Wie finden Sie einen guten Immobilien-ETF?

Ein guter ETF sollte folgende Kriterien erfüllen:

- den Index physisch abbilden
- TER von höchstens 0,13 Prozent
- ETF-Volumen von mindestens 100.000 Euro
- Rendite mindestens vier Prozent aus den Erträgen
- Dividenden werden jedes Quartal ausgeschüttet

Hier nun eine Zusammenfassung der Vor- und Nachteile der Immobilien-ETFs:

Vorteile:

- niedrige Gebühren (0,2 bis 0,5 Prozent), da keine Verwaltungsgebühren für Fondsmanager gezahlt werden müssen
- keine Abschluss- und Verwaltungskosten
- einfache Handelbarkeit

- große Risikostreuung, da ein Immobilien-ETF viele verschiedene Wertpapiere enthält, die Diversifikation ist hoch und dadurch sind ETFs generell risikoarm
- Geld ist nicht für einen vorher festgelegten Zeitraum gebunden, sodass dem Anleger hohe Flexibilität geboten wird
- bessere Rendite als aktiv verwaltete Produkte

Nachteile:

- Outperformance der Benchmark ist so gut wie nicht möglich (ETF kann nicht besser abschneiden als der Markt selbst)
- überschaubare Rendite, sehr große Wertsteigerung wie bei Einzelaktien fast unmöglich
- laufende Kosten (wenn auch gering), da die Herausgeber von Indexfonds jährliche Gebühren fordern
- größere Kursschwankungen sind möglich

Um das Ganze anschaulicher zu gestalten, soll nun ein Rechenbeispiel folgen, wie Sie sich ein passives Einkommen durch Dividenden-ETFs aufbauen können. Am mühseligsten ist jenes mit ausschüttenden ETFs, da Sie relativ viele Steuern zahlen. Angenommen, Sie möchten durch die Dividenden monatlich 1.500 Euro netto erhalten, dann muss der ETF jeden Monat ca. 2.055 Euro ausschütten, da Sie auf die Ausschüttungen 27 Prozent Steuern zahlen.

Das wären 6.165 Euro im Quartal bzw. 24.660 Euro im Jahr. Gehen wir realistisch von einer durchschnittlichen Dividendenrendite von 3,6 Prozent aus, dann benötigen Sie ein Vermögen von 685.000 Euro, um letztendlich 1.500 Euro im Monat zu erhalten. Gehen wir nun einmal davon aus, dass Sie die Ausschüttungen während der Sparphase wieder investieren. Wir nehmen einen jährlichen Kurszuwachs von sechs Prozent, einen Freibetrag von 801 Euro und 27 % Steuern auf den Gewinn pro Jahr an.

Die monatliche Sparrate für 20 Jahre würde dann 1.783 Euro, für 30 Jahre 916 Euro und für 40 Jahre 520 Euro betragen. Durch die vielen Steuern gestaltet es sich also sehr schwierig, hier ein Vermögen aufzubauen. Besser sieht es aus, wenn Sie in einen thesaurierenden ETF investieren, da dieser steuerfrei ist. Fallen die 27 Prozent Steuern auf den Gewinn weg und wir gehen wieder von sechs Prozent Kurszuwachs sowie von 3,6 Prozent Dividendenrendite aus, dann beträgt die monatliche Sparrate bei 20 Jahren noch 1.733 Euro, bei 30 Jahren 848 Euro und bei 40 Jahren 449 Euro. Somit ist die Belastung etwas geringer. Es ist also theoretisch möglich, mit passiven ETF-Sparplänen ein Dividendeneinkommen aufzubauen, man braucht aber angemessene Sparraten und auf jeden Fall auch ein wenig Glück. Es ist durchaus ein sehr passiver Weg, Einkommen zu generieren, denn ist einmal der Sparplan aufgesetzt, dann muss man nur gelegentlich die Ausschüttungen reinvestieren und später Anteile verkaufen.

5. PFANDBRIEFE

Pfandbriefe sind ein sehr altes Finanzinstrument. Der erste Pfandbrief wurde schon 1769 ausgegeben, und zwar in Deutschland. Pfandbriefe bieten dem Anleger eine sehr hohe Sicherheit, denn sie gehen einher mit einer gesetzlich vorgeschriebenen Art der Besicherung. Der Anleger erhält nämlich Grundpfandrechte wie Hypotheken, Grundschulden, Schiffshypotheken oder Flugzeughypotheken, aber auch Forderungen gegen Staats- oder Kommunalkredite.

Deshalb bezeichnet man Pfandbriefe auch als „gedeckt“ bzw. als „Covered Bonds“, also gedeckte Anleihen. Es gibt verschiedene

Pfandbriefarten: öffentliche Pfandbriefe, Flugzeugpfandbriefe, Schiffspfandbriefe und Hypothekenpfandbriefe. Je nach Deckungsmasse lassen sich auch weitere unterscheiden, aber öffentliche Pfandbriefe und Hypothekenpfandbriefe werden am häufigsten ausgegeben. Möchten Sie passives Einkommen durch Immobilien erzielen, so ist für Sie Letzteres interessant. Bei dem Geschäft mit Pfandbriefen sind der Anleger, die Bank und der Bankkunde beteiligt. Das Prinzip ist Folgendes: Sie als Anleger leihen einer Bank Geld und bekommen im Gegenzug Zinsen von der Bank. Nachdem die vorher festgelegte Frist vorbei ist, bekommen Sie das Geld zurückgezahlt.

Die Bank wiederum verleiht das Anlegergeld zum Beispiel in Form eines Immobilienkredits. Letztendlich werden durch die Einnahmen aus der Emission von Pfandbriefen langfristige Hypothekendarlehen vergeben. Als Pfandbriefinhaber haben sie kein Kündigungsrecht. Rückzahlungen erfolgen durch freihändigen Rückkauf, das heißt, nicht zu einem bestimmten Termin, aber innerhalb einer gewissen Laufzeit, mittels globaler Kündigung oder Auslosung. Bei der Auslosung werden Nummern des emittierten Pfandbriefs gezogen. Diese werden zurückgezahlt. Übrig gebliebene Nummern werden weiterhin verzinst und erst zurückgezahlt, wenn sie bei der Auslosung gezogen werden. Jeder Pfandbrief wird aber auf jeden Fall innerhalb der festgelegten Laufzeit ausgelost und dadurch zurückgezahlt.

Gehandelt werden Pfandbriefe an der Börse. Käufer sind vor allem institutionelle Anleger, wie zum Beispiel Pensionsfonds oder Versicherer. Pfandbriefe haben in der Regel einen relativ stabilen Kurs. Der Zinssatz ist normalerweise etwas höher als für Staatsanleihen. Das sind Anleihen, die der Staat als Emittent ausgibt. Der etwas höhere Zinssatz ist darauf zurückzuführen, dass es weniger Pfandbriefe gibt, als der Staat Anleihen ausgibt. Umsätze sind bei Pfandleihen meist geringer, weshalb sie nicht so schnell gehandelt werden können. Es gibt aber sogenannte Jumbo-Pfandbriefe, deren Mindestemissionsvolumen eine Milliarde Euro betragen muss.

Rechtliche Rahmenbedingungen

Es gibt ein spezielles Gesetz, das strenge Anforderungen an Pfandbriefe stellt. Diese sind im Pfandbriefgesetz (PfandBG) festgehalten und umfassen folgende Regelungen:

- Pfandbriefe dürfen nur durch Pfandbriefbanken ausgegeben werden. Diese Banken brauchen hierfür eine schriftliche Erlaubnis der BaFin. Die BaFin prüft die Banken in regelmäßigen Abständen. Die Banken, die diese Erlaubnis haben, sind in Deutschland im „Verband deutscher Pfandbriefbanken" (vdp) zusammengeschlossen. Zurzeit gibt es hierzulande 45 solcher Pfandbriefbanken.
- Pfandbriefbanken sind verpflichtet, den Barwert der Briefe zu jeder Zeit abzusichern, das heißt, es müssen Deckungswerte vorhanden sein, die einen Barwert haben, der die Pfandbriefe, die im Umlauf sind, um zwei Prozent übersteigt. Der Wert der ordentlichen Deckung, also 100 Prozent des Gesamtbetrags umlaufender Pfandbriefe, darf nur durch Hypotheken, die ungefähr die gleiche Höhe und den gleichen Zinsertrag haben, gedeckt werden. Die zwei Prozent, die darüber hinaus gehen, müssen durch ganz bestimmte Schuldverschreibungen und -buchforderungen gedeckt sein, deren Emittenten eine besonders hohe Bonität haben, oder durch Forderungen gegenüber der EZB.
- Sicherheiten, die den Pfandbriefen zugrunde liegen, werden aus dem Bankvermögen ausgesondert, damit Pfandbriefe vor Zahlungsausfällen geschützt sind, falls die Bank insolvent geht. Im Insolvenzfall haben die Ansprüche der Pfandbriefinhaber Vorrang.
- Es gibt sogar geografische Einschränkungen bezüglich der Deckungswerte, denn der Sicherungsgegenstand muss sich innerhalb

eines bestimmten Länderkreises befinden. Laut dem PfandBG gehören dazu neben Deutschland und den EU-Staaten noch die Schweiz, die USA, Kanada, Japan, Australien, Singapur und Neuseeland.

- Pfandbriefbanken sind verpflichtet, ihre Liquidität für die nächsten 180 Tage zu sichern und müssen deshalb fällige Forderungen und Verbindlichkeiten auf den Tag genau abgleichen.
- Ein Treuhänder überwacht die Einhaltung der Vorschriften bezüglich des Deckungsstocks. Dieser Treuhänder wird von der BaFin bestellt.
- Banken dürfen Flugzeuge, Schiffe und Immobilien nur bis maximal 60 Prozent ihres Beleihungswerts beleihen. Dieser Wert wird durch einen Sachverständigen ermittelt. Häufig liegt der Beleihungswert unter dem Marktwert, denn er enthält keine spekulativen Komponenten, sondern nur langfristige, nachhaltige Merkmale der Flugzeuge, Schiffe oder Immobilien. Deshalb unterliegt der Beleihungswert im Gegensatz zum Marktwert keinen Schwankungen.

Die besonderen gesetzlichen Regelungen verleihen Pfandbriefen besondere Qualitäten. Da wäre zum einen die Lombardfähigkeit. Wertpapiere, die lombardfähig sind, dürfen im Gegensatz zu anderen Wertpapieren für einen Kredit bei der EZB oder bei der Deutschen Bundesbank beliehen werden. Somit ist die Lombardfähigkeit ein Merkmal für besonders marktgängige und sichere Wertpapiere. Weiterhin bieten Pfandbriefe Mündelsicherheit. Das bedeutet, dass ein Vormund das Vermögen seines Mündels in solche besonders sichere Finanzinstrumente legen darf. Zuletzt weisen Pfandbriefe noch die Deckungsstockfähigkeit auf. Durch diese ist es Versicherungen möglich, Pfandbriefe für ihr Sicherungsvermögen zu nutzen. Das Sicherungsvermögen sichert die Ansprüche von Versicherungsnehmern ab.

Welche Risiken bergen Pfandbriefe?

Kein Finanzinstrument ist vollkommen risikofrei, auch Pfandbriefe nicht. Es gibt vier wesentliche Risiken:

- *Kursrisiko:* Sollten Sie als Anleger Pfandbriefe vor Ablauf ihrer Laufzeit verkaufen wollen, dann hängt Ihr Erfolg von der Entwicklung des Kurses und den Marktzinsen ab.
- *Gläubigerrisiko:* Es kann sein, dass die Pfandbriefbank, die der Anleiheschuldner ist, die Zinszahlungen oder die Rückzahlung nicht leisten kann. Dieses Risiko ist durch die Deckungspflicht aber sehr gering.
- *Inflationsrisiko:* Der tatsächliche Wert der zukünftigen Rückzahlung kann durch eine starke Inflation während der Laufzeit unter dem ursprünglichen Anlagebetrag liegen, sodass Sie als Anleger einen Verlust verzeichnen müssen.
- *Zinsänderungsrisiko*: Obwohl Pfandbriefe eigentlich einen festen Zinssatz haben, kann es passieren, dass dieser innerhalb der Laufzeit unter das aktuelle Zinsniveau auf dem Rentenmarkt fällt. Eine Investition in Pfandbriefe lohnt sich dann nicht mehr.

Abschließend noch eine kurze Zusammenfassung der Vor- und Nachteile von Pfandbriefen:

Vorteile:

- höhere Zinsen als bei klassischen Sparkonten
- geringes Risiko
- kaum bis keine Kursschwankungen
- hohe Sicherheit für Anleger

Nachteile:

- nicht kündbar
- zurzeit kaum Renditen wegen Niedrigzinsen

In unserer heutigen Niedrigzinszeit erbringen Pfandbriefe kaum Renditen und es lohnt sich mehr, in die anderen Möglichkeiten zu investieren. Ändern sich die Zeiten aber, dann können Pfandbriefe für Anleger wieder sehr attraktiv werden, deshalb sollten Sie diese im Hinterkopf behalten.

Die beliebteste Wahl des passiven Einkommens

Neben den vier oben genannten Möglichkeiten des passiven Einkommens mit Immobilien möchte ich Ihnen hier die beliebteste Variante vorstellen. Auf diese Möglichkeit möchte ich gerne etwas näher eingehen. Der Kauf einer Immobilie, um sie dann als Mietobjekt zu nutzen, wird immer interessanter. Durch die Mieteinnahmen die Tilgungsrate begleichen und nach der Tilgung der Gesamtsumme mit den Mieteinnahmen Vermögen aufbauen – das hört sich sehr verlockend an, aber was gibt es zu beachten? Was müssen Sie wissen? Wo gibt es Risiken und was sind die Vor- und Nachteile? Das und vieles mehr möchte ich Ihnen in den folgenden Kapiteln aufzeigen.

WARUM EINE VERMIETUNG SO BELIEBT IST

Deutschland ist das Land in Europa, in dem am meisten Menschen auf Miete wohnen. Mehr als die Hälfte der deutschen Bevölkerung hat den Status „Mieter“ und dadurch hat sie die höchste Quote von 45,4 Prozent in Europa erreicht. Obwohl der Erwerb einer Eigentumsimmobilie in Deutschland sehr einfach ist, schrecken die hohen Preise viele Deutsche vom Kauf des Eigentums ab. Vielen reicht das monatliche Haushaltseinkommen nicht aus, um einen hohen Kredit stemmen zu können. Ein Dach über dem Kopf braucht aber jeder und deshalb wird die Investition in Mietobjekte so spannend. Oft müssen Mieter bei der Suche nach dem passenden Mietobjekt ihre Bedürfnisse aufgrund der kleinen Auswahl und des Wohnraummangels deutlich zurückschrauben. Eine geeignete Wohnung oder ein passendes Haus zur Miete zu finden, dass sich auch preislich vereinbaren lässt, ist für Mieter heute oft ein Ding der Unmöglichkeit. Gerade auch deswegen werden die Investitionen in ein Mietobjekt immer höher.

Die Nachfrage ist groß und jeder Vermieter kann sich sicher sein, dass er einen Mieter für sein Objekt finden wird. Oft können die monatlichen Kreditraten und auch die Nebenkosten aus den Mieteinnahmen beglichen werden. Nachdem die Gesamtschuld der Wohnung beglichen ist, können die Mieteinnahmen als Vermögensaufbau oder für die Altersvorsorge genutzt werden. Ein sehr bekanntes und aktuelles Thema ist die Altersarmut. Immer wieder sieht man, dass die Rente aus der Rentenkasse nicht mehr ausreicht, um den Lebensunterhalt zu bestreiten. Immer öfter wandert unsere ältere Gesellschaft in der Rentenzeit aus und lässt sich im Ausland nieder, da die Lebensunterhaltungskosten dort deutlich geringer sind.

Ebenso müssen oft die Kinder und Enkel finanzielle Hilfe leisten, um ihre Eltern und Großeltern über Wasser halten zu können, und nicht selten sieht man, dass Rentner selbst noch dem Arbeitsalltag nachgehen müssen, um überleben zu können. In Deutschland wird die Rentenzahlung immer geringer, aber die Kosten für den Lebensunterhalt steigen immer mehr. Trotz jahrelanger Arbeit und Zahlungen in die Rentenkasse müssen viele Ältere unter dieser Armut leiden, vor allem, wenn Sie dann keine Eigentumsimmobilie besitzen und noch hohe Mietausgaben haben. Gerade deshalb ist eine private Altersvorsorge umso wichtiger. Mit dem Kauf einer Immobilie können Sie sich hier ein klein wenig Freiheit verschaffen und Ihre Renteneinnahmen erheblich aufstocken.

Kaufen Sie in jungen Jahren eine Immobilie, die bis zu Ihrem Rentenbeginn abbezahlt ist, und vermieten diese, dann haben Sie nach Begleichung der Restschuld die Einnahmen aus Ihrem Mietobjekt monatlich zur Verfügung. Falls Sie nicht im Besitz einer weiteren Eigentumsimmobilie sind, können Sie das Mietobjekt auch für den Eigenbedarf verwenden und sparen sich somit hohe Kosten für anfallende Mieten. Des Weiteren haben Sie damit auch bereits eine Vorsorge für Ihre Kinder oder andere Angehörige geschaffen. Zu beachten gilt allerdings auch, dass Sie Reparaturen und anfallende Kosten als Eigentümer selbst tragen müssen.

Von Beginn an und auch in Ihrer Rentenzeit müssen Sie diese zusätzlichen Kosten mit einberechnen und Sie sollten stets in der Lage sein, anfallende Kosten decken zu können. Sie sollten sich also vorher gut überlegen, was Sie sich leisten können und was nicht. Ihr Immobilienprojekt im Rentenalter noch tilgen zu müssen, ist definitiv nicht der Plan. Zu Rentenbeginn sollten Sie mindestens 90 Prozent der Tilgungssumme beglichen haben, dies besagt die Faustregel. Um dies stemmen zu können, bedarf es unbedingt einem gut durchdachten Tilgungsplan und einer passenden Finanzierung. Die Orientierung sollte hier nach Ihrem Einkommen und Ihrem Alter stattfinden. Es gibt viele Dinge zu beachten und jede Menge offene Fragen. Ich möchte Sie bei null abholen und Ihnen den Weg zu einem Immobilienunternehmer Schritt für Schritt aufzeigen.

SCHRITT FÜR SCHRITT ZUM IMMOBILIENUNTERNEHMER

Ist ein Mietobjekt die richtige Investition für Sie?

Bevor Sie sich für den Kauf einer Immobilie entscheiden, sollten Sie verschiedene Aspekte berücksichtigen und gut durchdenken. Vermieter zu sein, bedeutet, nicht nur hohe Mieteinnahmen zu erhalten, sondern auch, ungeplante Ausgaben und Verwaltungstätigkeiten bewältigen zu können. Zudem kommen nicht nur die Kosten, die bei dem Kauf der Immobilie entstehen, sondern auch weitere jährliche Ausgaben, wie zum Beispiel Instandhaltungskosten, auf Sie zu. Wo finden Sie die passende Immobilie? Welche Bank gewährt Ihnen den besten Kredit? Wie entscheiden Sie sich für den passenden Mieter? – viele Fragen, die nicht geklärt sind. Um Ihnen einen ersten Überblick zu verschaffen, möchte ich Ihnen die wichtigsten Aspekte des Vermieter-Daseins aufzeigen.

Checken Sie Ihre Finanzen

Als Erstes sollten Sie Ihre eigenen Finanzen klären. Hierbei ist es wichtig, dass Sie eines nach dem anderen angehen. Beginnen Sie erst etwas Neues, wenn Sie das Alte zuverlässig managen können. Ebenso sollten Sie schauen, dass Sie den Überblick behalten und nicht zu viele finanzielle Baustellen auf einmal tragen müssen. Dies ist eine wichtige Grundlage. Mit dem Kauf einer Immobilie geht meist eine langfristige Verpflichtung mit einher, die gerne unterschätzt wird. Machen Sie sich Gedanken über Ihre Ausgaben und Einnahmen. Am besten schreiben Sie sich diese auf und schauen, was unterm Strich übrigbleibt oder ob sogar ein Minus entsteht. Dies ist der erste Schritt, der geklärt werden muss, bevor Sie sich auf die Suche nach einer Immobilie machen können. Machen Sie Ihre Berechnungen sorgfältig und nehmen Sie eventuell eine Haushaltsrechnung zur Hilfe. Hier können Sie Ihre monatlichen Einnahmen und Ausgaben festhalten.

Oft ist diese Auflistung zwar mühsam, aber nur so werden Sie Herr über Ihre Finanzen. Des Weiteren ist dies meist auch ein Kriterium der Banken. Können Sie die Berechnung der Bank bei Ihrem ersten Termin vorlegen, hinterlassen Sie den Eindruck, dass Sie gut vorbereitet sind und sich über Ihre finanzielle Lage im Klaren sind. Ein weiterer positiver Nebeneffekt der Haushaltsrechnung ist, dass Sie genau erkennen können, wo sie unnötige Ausgaben einsparen können.

Vermerken Sie Ihre Anpassungen regelmäßig, um Resultate erkennen zu können. Neben der Haushaltsrechnung ist eine genaue Auflistung Ihres Vermögens wichtig. Um einen guten Zinssatz für Ihren Kredit zu erhalten, benötigen Sie Eigenkapital. Mit einer Vermögensauflistung wissen Sie, wie viel Ihnen zur Verfügung steht. Um Ihr Nettovermögen herauszufinden, müssen Sie Ihre Verbindlichkeiten von Ihren Vermögensgegenständen abziehen. Nehmen Sie sich hierfür eine Excel-Tabelle zur Hilfe. Auch dies wird von der Bank für einen besseren Überblick benötigt. Je besser die Vermögenssituation, desto besser die Konditionen bei der Bank.

Nachdem Sie dies erledigt haben, wissen Sie nun über Ihre eigene finanzielle Situation Bescheid. Jetzt ist es Zeit für Ihr Investment.

Wie viel Geld haben Sie für Ihre Investition übrig? Welche Summe haben Sie einmalig zur Verfügung und welchen Betrag können Sie monatlich beiseitelegen? Die Grundregel besagt, dass Sie nur Geld einsetzen sollten, was Sie für Ihren Lebensunterhalt nicht benötigen. Dies wird „freies" Geld genannt. Wenn Sie diese Regel nicht beachten, kann das schnell zu Problemen führen. Entscheiden Sie, wie viel Geld Sie verwenden können.

Die richtige Immobilie finden

Nachdem Ihr finanzieller Rahmen geklärt ist, können Sie sich auf die Suche nach der für Sie passenden Immobilie machen. Bevor Sie die verschiedenen Portale oder Zeitungen nach Ihrer Immobilie durchforsten, sollten Sie sich Gedanken machen, welche Voraussetzungen Ihre Immobilie erfüllen muss. Möchten Sie lieber ein Haus oder eine Wohnung kaufen? Das sollten Sie sich zu Beginn überlegen und gut durchdenken. Eine Wohnung ist sicherlich preislich günstiger und auch die Nebenkosten bleiben geringer, sie bringt aber auch weniger Miete ein und hat einen niedrigeren Wert. Ebenso wichtig ist es, dass Sie sich überlegen, welches Klientel Sie mit Ihrer Immobilie ansprechen möchten. Ist es Ihnen lieber, Ihre Immobilie an Rentner zu vermieten, dann suchen Sie sich ein Mietobjekt in einer eher ruhigeren Lage. Bevorzugen Sie Familien oder Studenten, sollte sich die Wohnung oder das Haus in Zentrumsnähe befinden.

Die Lage der Immobilie hat einen großen Einfluss darauf, wie viel Miete Sie von Ihrem Mieter verlangen können. Liegt das Mietobjekt mitten in der Stadt, umgeben von Schulen, Kindergärten und Einkaufsmöglichkeiten, sind die Mieteinnahmen deutlich höher, als wenn die Immobilie ländlich gelegen ist. In vielen Gemeinden gibt es einen festgelegten Mietspiegel, an dem sich die Vermieter orientieren können. Liegt dieser sehr hoch, kann es eventuell schwer werden, einen passenden Mieter zu finden. Fällt Ihre Wahl der Immobilie auf eine Wohnung in einem Mehrfamilienhaus, dürfen Sie nicht vergessen, dass nicht nur Ihre Wohnung, sondern das gesamte Haus von Bedeutung ist. Beachten Sie hierbei unbedingt, wie viele Wohneinheiten das Haus besitzt.

Dies kann später großen Einfluss auf die Mietpreise haben. Egal, ob Haus oder Wohnung, achten Sie sehr genau auf den Zustand des Gebäudes. Prüfen Sie vor allem das Dach, die Fassade, die Fenster und die Türen. Berücksichtigen Sie, ob das Bauwerk in Kürze renoviert werden muss oder ob dies erst stattgefunden hat. Nachdem Sie das Äußere der Immobilie geklärt haben, ist auch der innere Wert nicht zu unterschätzen. Gehen Sie hierbei besonders auf die Ausstattung des Objektes ein. Erfüllt die Einrichtung Ihre Anforderungen oder muss eine Modernisierung erfolgen? Hierbei dürfen Sie die Kosten nicht unterschätzen. Besonders schwer ist es, als Laie zu erkennen, ob die Leitungen, Rohre und Anschlüsse den modernen Standards entsprechen. Fragen Sie hierfür einen Experten um Rat.

Der Experte kostet Sie zwar ein kleines Entgelt, bewahrt Sie aber im schlimmsten Fall vor hohen Kosten, etwa, wenn die gesamten Rohre ausgetauscht werden müssen. Mieter achten heutzutage bei der Wahl ihres neuen Zuhauses besonders genau auf die Art und Weise, wie das Objekt beheizt wird. Hierbei ist es für Sie nicht nur wichtig, darauf zu achten, welche Heizungsart die Immobilie hat, sondern auch, wie gut die Wände gedämmt sind. Der Wert Ihrer Immobilie wird durch einen eigenen PKW-Stellplatz, durch eine Garage oder durch eine gute Verkehrsanbindung gesteigert.

Haben Sie dies alles ausgiebig analysiert und geprüft, ist es jetzt nur noch wichtig, wie hoch der Preis für die Immobilie ist und ob dieser in Ihrem Budgetrahmen liegt. Das Wichtigste ist aber, dass das Objekt schuldenfrei ist. Das bedeutet nicht, dass die Wohnung oder das Haus komplett abbezahlt sein muss, sondern dass der Verkäufer keine Schulden bei der Hausverwaltung oder anderen Mitwirkenden hat. Ist dies der Fall, muss vor dem Kauf geklärt werden, wer diese Schulden zu tragen hat. Kommt dies nicht zur Sprache, wird oft automatisch der neue Käufer mit den bestehenden Schulden belastet. Sie haben diese dann praktisch mit gekauft. Was die Immobilie angeht, wissen Sie jetzt bestens Bescheid.

Eine Frage bleibt aber noch offen: Wie suchen Sie die passende Immobilie? – hierfür gibt es verschiedene Möglichkeiten. Zum einen können Sie über entsprechende Suchportale, in denen Verkäufer ihre Immobilien anbieten, verschiedene Angebote einsehen. Zum anderen haben Sie die Möglichkeit, die Suche Ihrer Immobilie in die Hände eines Experten zu legen.

Dies sind spezielle Makler oder Suchagenten, welche mithilfe eines für Sie erstellten Suchprofils die passende Immobilie für Sie ermitteln. Hierfür müssen Sie einen festgesetzten Prozentsatz des Kaufpreises an den Makler zahlen. Sie sparen sich aber im Gegenzug viel Arbeit, da der Makler die Angebote vorher genauestens überprüft. Im Internet verwenden die Verkäufer manchmal ein paar Tricks, durch die die Rendite sehr hoch zu sein scheint, denn dadurch sollen Käufer angelockt werden. Dazu zählt zum einen, dass manche die Rendite mit der Warmmiete berechnen, was keinen Sinn macht, da die Warmmiete Nebenkosten beinhaltet. Passen Sie also auf, dass diese Rechnung mit der Kaltmiete gemacht wird. Zum anderen wird manchmal bei den Angaben zur Jahreskaltmiete nicht angegeben, welche Kosten, die nicht auf die Mieter umgelegt werden können, noch anfallen. Das können schnell einmal bis zu 100 Euro im Monat sein, die die Jahreskaltmiete schmälern.

Zur Grundlage der Renditeberechnung wird normalerweise der reine Kaufpreis herangezogen. Seien Sie sich darüber bewusst, dass noch Kaufnebenkosten in einer Höhe von ungefähr 15 Prozent des Kaufpreises dazu kommen. Sie können die Rendite auch ganz einfach selbst berechnen. Dazu errechnen Sie im ersten Schritt die Gesamtkosten der Immobilie, indem Sie den Kaufpreis und die Kaufnebenkosten (Maklerkosten, Grunderwerbsteuer, Notarkosten, Gerichtskosten etc.) addieren. Danach ermitteln Sie die Bruttorendite. Rechnen Sie dazu die Jahreskaltmiete aus und beziehen Sie diese auf den Gesamtpreis der Wohnung (Jahreskaltmiete/Gesamtkaufpreis x 100 = Bruttorendite).

Zum Schluss berechnen Sie noch die Nettomietrendite. Dazu ziehen Sie die Kosten, die nicht auf den Mieter umgelegt werden können (Hausverwaltungskosten, Rücklagen, Instandhaltungskosten usw.), von der Jahreskaltmiete ab. Schauen Sie in die Hausgeldabrechnung, um in Erfahrung zu bringen, wie hoch die nicht umlagefähigen Kosten sind. Sie können davon ausgehen, am Ende ungefähr eine Rendite um die drei bis vier Prozent zu erzielen. Analysieren Sie alle Angebote, egal, woher Sie diese bekommen haben. Lassen Sie sich dabei genügend Zeit und treffen Sie Ihre Entscheidung nicht voreilig. Eine besonders gute Gelegenheit, um zuzuschlagen, ist es, wenn Sie wissen, dass der Verkäufer den Kaufpreis für ein neues Projekt als Startkapital benötigt. Dann steht dieser meist unter Zeitdruck und verkauft seine Immobilie auch oft unter dem eigentlichen Wert. Hier können Sie sicher sein, dass sich eine Verhandlung um den Preis auf alle Fälle lohnen wird.

Wenn Sie nun die passende Immobilie gefunden haben, ist der nächste Schritt, die richtige Finanzierung, zu klären.

Den richtigen Kredit finden

Die richtige Finanzierung zu finden ist oft nicht einfach. Viele verschiedene Aspekte spielen hierbei eine große Rolle. Neben dem Zinssatz, der Zinsbindung und der Höhe der monatlichen Rate ist auch Ihr Recht auf Sondertilgungen zu beachten. Außerdem ist es wichtig, dass Sie nicht das erstbeste Angebot annehmen, sondern sich von mehreren Banken Angebote einholen und diese ausgiebig prüfen. Ihre **Hausbank** kann Ihnen meist nur ein bestimmtes Angebot zu Ihrer finanziellen Situation anbieten, wohingegen ein **unabhängiger Anbieter** viele verschiedene Banken an der Hand hat und somit für mehrere Angebote sorgen kann. Haben Sie bei Ihrer Hausbank schon einmal einen Kredit aufgenommen und diesen zuverlässig beglichen, kann Ihnen das Pluspunkte verschaffen.

Andernfalls, bei negativen Vorfällen, kann Ihre Bekanntheit bei der Bank auch negative Auswirkungen auf Ihre Anfrage haben. In jedem Fall ist es von Vorteil, die bereits oben erwähnten Unterlagen zu Ihren Finanzen bei Ihrem Erstgespräch vorzulegen. Den ersten positiven Eindruck haben Sie sich damit gesichert. Bedenken Sie zu jeder Zeit, dass eine Finanzierung bei der Bank oft nervenaufreibend sein kann und viele verschiedene Voraussetzungen von Ihnen verlangt werden. Dennoch lohnt es sich, am Ball zu bleiben und nicht aufzugeben. Vorab möchte ich Ihnen hier ein paar der wichtigsten Bedingungen näherbringen. Das **Mindestalter** für eine Finanzierung beträgt 18 Jahre. Sind Sie nicht volljährig, sind Sie auch nicht kreditwürdig. Ebenso gibt es ein **Höchstalter**.

Ab 50 Jahren ist eine Finanzierung nur schwer realisierbar, da die Banken eine Verschuldung im Rentenalter vermeiden wollen. Die beliebtesten Kreditnehmer für die Bank sind „reife“ Bauherren in der Mittelklasse. Diese haben durch langjährige Berufserfahrung höheres Einkommen und oft auch mehr Startkapital. Egal, in welcher Altersklasse, der Wohnsitz muss in Deutschland sein. Die Immobilie kann aber trotzdem im Ausland gekauft werden. Des Weiteren bedarf es unbedingt einer **positiven Bonitätsauskunft** und einer **guten Bewertung der Schufa**. Ihre finanzielle Situation wird von den Banken genauestens unter die Lupe genommen, um Ihre Kreditwürdigkeit zu prüfen. Je besser die Voraussetzungen, desto günstiger die Konditionen. Eine wichtige Rolle spielt ebenso, ob Sie offene Darlehen oder Leasingverträge besitzen. Auch Ihren **Arbeitsvertrag** müssen Sie offenlegen. Ist dieser befristet oder unbefristet? Mit einem befristeten Arbeitsvertrag fehlt der Bank die Sicherheit für Ihr zuverlässiges monatliches Einkommen. Die Höhe Ihres Einkommens bestimmt die monatliche Rate.

Die Tilgung muss gewährleistet sein, ohne dass Sie Ihren Lebensunterhalt einschränken müssen. Eine Faustregel besagt, dass Sie maximal 35 % Ihres Nettoeinkommens für die monatliche Tilgungsrate nutzen sollten. Dies gilt für Angestellte und Selbstständige gleichermaßen. Hierfür können Sie einen Budgetrechner zur Hilfe nehmen, um Ihren Hauspreis kalkulieren zu können. Die Bank oder der Anbieter stehen Ihnen bei offenen Fragen immer zur Seite. Ein weiterer wichtiger Aspekt ist der **Objektwert** Ihrer Immobilie, da dieser für die Bank als Sicherheit für Ihre Finanzierung dient. Die Bank besichtigt Ihre Wohnung oder Ihr Haus und entscheidet anhand der Gegebenheiten über den Immobilienwert. Nur dieser Wert wird von der Bank als Finanzierung gewährt. Beispiel: Wenn das Objekt laut Gutachter einen Wert von 60.000 Euro hat, bekommen Sie von der Bank auch nur diesen Betrag. Auch, wenn der Verkäufer die Immobilie für 70.000 Euro verkaufen möchte, wird Ihnen dies nicht von der Bank genehmigt. Als nächste Voraussetzung zählt Ihr **Start- bzw. Eigenkapital**.

Je höher diese Summe, desto besser die Konditionen. Besitzen Sie kein Eigenkapital, ist eine Finanzierung zwar möglich, jedoch mit vielen Nachteilen verbunden. Hierzu zählt vor allem ein hoher Zinssatz. Es gilt, den **Zinssatz** genau zu überprüfen. Oft bekommen Sie schnelle Kreditangebote, die aber mit hohen Zinsen verbunden sind. Hier ist äußerste Vorsicht geboten. Achten Sie darauf, dass der Kreditanbieter alle Fakten offenlegt und von sich aus die Transparenz der Finanzierung als wichtig empfindet. **Sondertilgungsmöglichkeiten** bieten Ihnen in den Jahren der Finanzierung die Möglichkeit, Beträge unabhängig Ihrer monatlichen Rate in den Kredit einfließen zu lassen. Des Weiteren können Sie es sich offenlassen, den Tilgungssatz zu beeinflussen, falls sich Ihre finanzielle Situation verändert. Fragen Sie Ihren Finanzierungsberater nach den verschiedenen Darlehensvarianten, achten Sie auf kurzfristige, stabile Zinsen und auf eine geeignete Laufzeit. Wenn Sie alle Voraussetzungen erfüllen und die Bank Ihnen die Finanzierung zusagt, dann können Sie sich schon bald als Eigentümer einer Immobilie und damit auch als Unternehmer bezeichnen.

Beachten Sie beim Immobilienkauf auch die anfallenden Nebenkosten, die zusätzlich zu dem Kaufpreis hinzukommen. Diese liegen meist zwischen fünf und 15 Prozent. Dazu zählen ca. 1,5 Prozent Notargebühren, 1,5 Prozent für den Grundbucheintrag, eventuelle Maklergebühren zwischen 3,57 bis 7,14 Prozent und die Grunderwerbsteuer. Hier müssen Sie mit 3,5 bis 6,5 Prozent rechnen. Die Höhe der Summe kann je nach Bundesland variieren. Lassen Sie sich genügend Freiraum für anfallende Nebenkosten, mit denen Sie nicht gerechnet haben. Des Weiteren sollten Sie unbedingt die Absicherung durch Versicherungen bedenken, um sich vor einem finanziellen Schaden zu schützen.

Versicherungen

Welche Versicherungen Sie brauchen, wenn Sie eine Immobilie kaufen, möchte ich Ihnen hier einmal näher erklären. Oft vergisst man nach dem Immobilienkauf, sich um die richtige Absicherung zu kümmern. Dieses Thema ist jedoch sehr komplex und sollte nicht verschoben oder unterschätzt werden. Rund um Ihre Immobilie kann einiges passieren, was Sie nicht voraussehen können. Meist sind die finanziellen Schäden enorm und können aufgrund der hohen Summe der möglichen Reparaturarbeiten nicht selbst gestemmt werden. Hierzu zählen zum Beispiel ein beschädigtes Dach nach einem Unwetter oder der außerordentliche Schaden nach einem Brand.

Um sich vor einem finanziellen Bankrott zu schützen, können sich Immobilienbesitzer versichern. Der Wert Ihrer Immobilie liegt sicherlich im Bereich von mehreren hunderttausend Euro. Die Schäden rund um Ihr Haus oder Ihre Wohnung, dazu zählt auch das Inventar, wird von der Versicherung bei dem richtigen Schutz übernommen. Somit können Sie die entstandenen Schäden reparieren lassen und der Wert der Immobilie bleibt erhalten.

Ich möchte Ihnen die möglichen Versicherungen vorstellen:

- **Wohngebäudeversicherung:** Das ist mitunter die wichtigste Versicherung für Immobilienbesitzer, die Sie als Erstes abschließen sollten. Hier sind Schäden von höherer Gewalt abgedeckt. Dazu zählen vor allem Mängel, die durch Sturm, Gewitter oder starken Regen entstanden sind. Nicht selten hört man von Dachschäden nach einem Sturm, die mit hohen Kosten verbunden sind. Früher zählte diese Versicherung als Pflichtversicherung für alle Immobilienbesitzer, um sicherzugehen, dass entstandene Schäden repariert werden können. Heute ist sie keine Pflichtversicherung mehr, sollte jedoch trotzdem unbedingt abgeschlossen werden. Eventuell kann diese beim Kauf vom Vorbesitzer übernommen und somit lückenlos weiterbezahlt werden. Hier sollten Sie aber auf den Leistungsumfang und die Abdeckungssumme achten. Bedenken Sie, dass nach einer Renovierung der Preis Ihres Objektes steigt. Häufig reicht dann die Summe, die im Vertrag angegeben wurde, für die Deckung im Schadensfall nicht mehr aus.

- **Hausratversicherung:** Diese Versicherung ist Ihnen vielleicht aufgrund Ihrer Erfahrungen als Mieter geläufig. Im Gegensatz zur Gebäudeversicherung schützt die Hausratversicherung Ihren Hausrat und Ihr Inventar. Hier ist es aber sinnvoll, den Mieter um den Abschluss dieser Versicherung zu bitten, und dies gegebenenfalls als Bedingung im Mietvertrag festzuhalten. In dieser Versicherung sind auch Möbel, Gartenmöbel und andere Gegenstände mitversichert. Auch der Schutz gegen Diebstahl kann gegen einen Aufpreis dazu gebucht werden. Im Schadensfall greift die Versicherung als Neuwertversicherung, das heißt, dass der kaputte Gegenstand zum heutigen Neupreis in gleicher Qualität ersetzt wird. Haben die Gartenmöbel bei Ihrer Anschaffung vor fünf Jahren zum Beispiel 3000 Euro gekostet, haben aber heute nur noch den Neupreis von 2100 Euro, dann wird Ihnen auch nur der Preis von 2100 Euro erstattet.

- **Elementarversicherung:** Diese Versicherung wird auch Elementarschadenversicherung genannt und dient zum Schutz bei Naturgefahren, die in der Gebäudeversicherung nicht abgedeckt sind. Sie wird oft als Vollkaskoversicherung für Immobilienbesitzer bezeichnet und kann als Aufstockung zur Gebäudeversicherung abgeschlossen werden. Zu Naturgefahren gehören unter anderem Erdbeben oder Überschwemmungen, welche in den letzten Jahren stark zugenommen haben. Bei einem Schaden, der meist mit hohen Kosten verbunden ist, bleiben die Besitzer oft auf diesen Kosten sitzen. Daher ist eine zusätzliche Elementarversicherung sehr empfehlenswert. Je nach Lage der Immobilie variiert der Preis dieser Versicherung. Manche Gebäude können sogar von der Versicherung ausgeschlossen werden, wenn sie in einem Gebiet liegen, in dem das Risiko für solch eine Naturgefahr sehr groß ist. Die Preiskalkulation ist hier von der Region und der Gefahrenklasse abhängig.

- **Photovoltaikversicherung:** Haben Sie auf Ihrer bestehenden Immobilie eine Photovoltaikanlage eingebaut oder diese übernommen? – Dann ist diese Versicherung mit Sicherheit sehr interessant für Sie. Häufig sind diese Anlagen nicht über die Gebäudeversicherung abgedeckt, vor allem, wenn Sie die bestehende Anlage erneuern oder aufbessern. Hierfür gibt es bei der Gebäudeversicherung extra eine zusätzliche Photovoltaikversicherung. Diese soll Sie vor den finanziellen Schäden an Ihrer Anlage schützen. Je nach Wetter kann die Anlage durch Sturm, Schnee oder Hagel große Schäden erleiden. Auch durch Feuer oder Überspannungen kann die Photovoltaikanlage in Mitleidenschaft gezogen werden. Denken Sie auch an den Zusatz für Diebstahl und Schäden durch Tierbisse. Ein Marder kann sich schnell an den leicht erreichbaren Kabeln zu schaffen machen.

Die oben genannten Versicherungen sind keine Pflichtversicherungen für Immobilienbesitzer. Sie als Immobilienbesitzer müssen für sich selbst entscheiden, ob und welche Versicherung Sie abschließen. Seien Sie sich aber unbedingt über die möglichen Folgen im Klaren und fragen Sie sich, welches Risiko Sie eingehen können und möchten. Eine Ausnahme gibt es allerdings. Ihre Bank, bei der Sie Ihre Finanzierung abschließen, kann bei Bedarf den Abschluss einer

Wohngebäudeversicherung verlangen. Somit schützt sich die Bank vor einem finanziellen Risiko. Bis zur vollständigen Tilgung Ihres Kredites ist die Bank erstrangig im Grundbuch eingetragen. Rechtlich gesehen gehört die Immobilie solange der Bank, bis sie vollständig abbezahlt ist. Deshalb ist es für die Bank wichtig, dass das Objekt durch Schäden nicht an Wert verliert, und sie sichert sich somit durch diese Versicherung ab.

Die Kosten für eine Versicherung allgemein zu nennen, ist eher schwierig. Je nach Immobilie können die monatlichen Beiträge voneinander abweichen und unterschiedlich hoch ausfallen. Hierfür spielen vor allem die Größe, die Ausstattung und die Lage der Immobilie eine große Rolle. Des Weiteren wirken sich auch der gewählte Leistungsumfang und Ihre Selbstbeteiligung im Schadensfall auf die Berechnung aus. Hier ein Beispiel: Ein Einfamilienhaus mit einer Wohnfläche von ca. 150 Quadratmetern liegt in einer schönen Umgebung und hat eine gewöhnliche Ausstattung.

Für dieses Wohnhaus liegt die Wohngebäudeversicherung ca. bei 190 Euro jährlich. Die Hausratversicherung, um die Sie allerdings den Mieter bitten sollten, kann mit ca. 70 Euro pro Jahr abgeschlossen werden. Für die Elementarversicherung sollten Sie ca. 110 Euro jährlich einkalkulieren. Eine Versicherung für Ihre Photovoltaikanlage kostet Sie ca. 100 Euro im Jahr. Die Summe aller genannten Versicherungen für dieses Einfamilienhaus liegt bei 475 Euro pro Jahr.

Je nach Leistungsumfang können die jährlichen Kosten variieren. Haft- und Sachversicherungen können Sie anteilig auf Ihren Mieter umlegen, nennen Sie diese aber dann im Mietvertrag unter den umlagefähigen Nebenkosten. Sie können sich also mit rund 40 Euro im Monat durch eine Versicherung auf mittlerer Stufe vor finanziellen Schäden schützen. Wenn Ihnen dieser Betrag zu hoch erscheint, dann bedenken Sie unbedingt, welche Kosten auf Sie zukommen könnten, wenn ein Unwetter einen Schaden von mehreren tausenden oder sogar zehntausenden Euro an Ihrem Haus anrichtet. Zudem können Sie selbst entscheiden, welche Versicherung Sie zu welchem Leistungsumfang benötigen. Bei Mehrfamilienhäusern, bei denen die Verwaltung durch eine Hausverwaltung übernommen wird, sind meist schon einige Versicherungen abgeschlossen. An diesen Versicherungen müssen Sie sich anteilig beteiligen. Lassen Sie sich bei der Entscheidung, welche Versicherung Sie benötigen, genügend Zeit und bedenken Sie alle Risiken. Ziehen Sie bei Bedarf einen Berater hinzu.

Benötigen Sie Eigenkapital?

Der Kauf einer Immobilie ist ohne Eigenkapital zwar möglich, aber nicht empfehlenswert. Ihre Vorteile, wenn Sie Eigen- bzw. Startkapital haben, sind einige. Durch das vorhandene Eigenkapital müssen Sie weniger Geld aufnehmen und können sich somit über einen niedrigeren Zinssatz freuen, was große Auswirkungen auf die Gesamtsumme hat. Je kleiner die Darlehenssumme ist, desto schneller haben Sie den Kredit abbezahlt. Möchten Sie ohne Eigenkapital eine Immobilie kaufen, so ist der Zinssatz wesentlich höher und die Angelegenheit um einiges teurer. Dies dient der Bank als Risikoausgleich. Gewünscht werden meist 15 Prozent des Kaufpreises als Startkapital. Mit diesen 15 Prozent können Sie oft die anfallenden Kaufnebenkosten, wie zum Beispiel Notarkosten und Grunderwerbsteuer, selbst zahlen.

Ihr Weg als Immobilienunternehmer

Nachdem Sie sich nun stolzer Eigentümer eines Mietobjektes nennen können, gehören Sie zu den Immobilienunternehmern. Sobald Sie eine Vermietung durchführen, wir dies als Unternehmen bezeichnet. So müssen Sie also auch Businesspläne schreiben, Renovierungsmaßnahmen durchführen und die Verantwortung für das Mietobjekt übernehmen. Sie bestimmen selbst, was mit Ihrem Unternehmen passiert. Als Nächstes müssen Sie sich nun erst einmal um Ihr neu erworbenes Eigentum kümmern. Um einen geeigneten Mieter zu finden, muss das Objekt den Ansprüchen der Gesellschaft entsprechen. Deshalb sollten Sie auf eine geeignete Ausstattung achten und eventuelle Renovierungsmaßnahmen durchführen. Hierbei sollten Sie darauf achten, dass die verwendeten Materialien von guter Qualität sind. Bedenken Sie, dass dies Ihre Kapitalanlage ist, und vermeiden Sie durch hochwertige Produkte ständige Reparaturen. Dann sollten Sie sich über die Verwaltung Ihres Mietobjektes Gedanken machen. Kennen Sie sich damit aus und können dies selbst erledigen? Oder brauchen Sie Hilfe von einer Hausverwaltung?

In Mehrfamilienhäusern kann es sein, dass bereits eine bestehende Hausverwaltung vorhanden ist und Sie somit an diese gebunden sind. Der Vorteil einer Hausverwaltung ist, dass diese die Erledigung aller anfallenden Aufgaben übernimmt. Sie erledigt somit zum Beispiel alle Abrechnungen rund um Ihr Mietobjekt. Wollen Sie Ihre Vermietung wirklich „passiv" erleben, dann ist eine Hausverwaltung unumgänglich. Beachten Sie aber auch, dass das Abgeben der Aufgaben mit hohen Kosten verbunden ist, welche für jedes Projekt einzeln anfallen. Wenn Sie sich gegen eine Hausverwaltung entscheiden möchten, dann sollten Sie sich unbedingt das nötige Wissen aneignen, um alle anfallenden Aufgaben gewissenhaft erledigen zu können. Dadurch können Sie einiges an Geld einsparen, benötigen jedoch mehr Zeit. Diese Entscheidung sollten Sie treffen, bevor Sie sich auf die Suche nach dem passenden Mieter begeben.

Die Suche nach dem passenden Mieter

Bevor die Suche nach einem Mieter beginnt, sollten Sie sich Gedanken um den passenden Mietpreis machen. Dieser setzt sich aus verschiedenen Kriterien zusammen. Für jede Gemeinde gibt es einen festgelegten Mietspiegel, welchen Sie unbedingt beachten müssen. Des Weiteren müssen Sie sich die Frage stellen, wie der Immobilienmarkt in Ihrer Region aussieht. Informieren Sie sich über Angebot und Nachfrage. Die Lage und die Ausstattung des Objektes sind ebenso ein wichtiges Kriterium und ausschlaggebend für den Mietpreis. Haben Sie Ihre Immobilie hochwertig renoviert und ausgestattet, so können Sie dies durchaus im Mietpreis bemerkbar machen. Dies gilt ebenso für die Lage. Je besser die Lage ist, desto höher können Sie den Mietpreis ansetzen. Informieren Sie sich darüber, ob es in Ihrer Gemeinde eine Mietpreisbremse gibt. Ist dies der Fall, darf die monatliche Miete höchstens 10 % über der ortsüblichen Vergleichsmiete liegen. Gibt es keine Mietpreisbremse, dann liegt das Limit bei 20 % über der ortsüblichen Vergleichsmiete. Bedenken Sie bei der Festsetzung des Mietpreises auch Ihre monatliche Kreditrate, um diese auf alle Fälle damit decken zu können. Legen Sie Ihren Mietpreis fest, um sich dann auf die Suche nach einem geeigneten Mieter zu machen. Um böse Überraschungen zu vermeiden, sollten Sie bei der Wahl des Mieters einige wichtige Punkte beachten. Vorab können Sie sich dafür entscheiden, ob Sie Ihren Mieter selbst finden möchten oder ob das eine Makler-Agentur für Sie übernehmen soll.

Durch einen Makler haben Sie einen geringen Zeitaufwand und professionelle Hilfe. Der Mieter wird durch den Vermittler genauestens überprüft und unter die Lupe genommen. Gemeinsam mit der Agentur können Sie einen passenden Mietpreis festlegen und sich über die Hilfe für einen rechtmäßigen Mietvertrag freuen. Die Kosten für die Beauftragung eines Maklers betragen in der Regel zwei Nettokaltmieten zzgl. Mehrwertsteuer. Möchten Sie sich diese Kosten sparen, dann müssen Sie sich selbst auf die Suche nach einem geeigneten Mieter begeben.

Nehmen Sie sich hierfür genügend Zeit und haben Sie Geduld. Diese Arbeit ist nicht immer einfach, wird sich aber sicherlich für Sie lohnen, wenn Sie sie gewissenhaft durchführen. Nutzen Sie hierfür bekannte Portale und Online-Plattformen und achten Sie auf ein gutes Exposé. Gute Bilder Ihres Mietobjektes sind hierbei besonders wichtig. Sie dürfen dabei gerne die Ausstattung und das Inventar Ihres Eigentums zum Vorschein bringen. Wichtige Eckdaten, wie zum Beispiel die Größe der Immobilie, das Baujahr, der Energieausweis mit Energieeffizienzklasse sowie die Heizungsart, sollten Sie unbedingt in Ihrer Anzeige erwähnen. Bedenken Sie, dass Sie den Mietpreis in Kaltmiete und Nebenkosten unterteilen müssen. Für den zukünftigen Mieter sollten die finanziellen Gegebenheiten sofort ersichtlich sein. Hierzu gehört auch die Höhe der Mietkaution. Es gilt die Regel, dass die Summe der Kaution drei Monatskaltmieten nicht überschreiten darf. Ein ansprechendes Exposé wird sich ausschlaggebend auf die möglichen Interessenten Ihrer Immobilie auswirken. Meist erhalten Sie aufgrund des Wohnungsmangels innerhalb kürzester Zeit viele Anfragen von potenziellen Mietern. Die Besichtigungstermine beanspruchen häufig einen großen Zeitaufwand. Sie sollten also von Beginn an versuchen, sich auf Mieter, die für Sie in Frage kommen, zu beschränken.

Stellen Sie die richtigen Fragen, um nicht potenzielle Mieter auszusortieren. Hierzu gehören unter anderem eine Bonitätsprüfung, die Mieterselbstauskunft sowie die Lohnabrechnungen der letzten drei Monate. In der Mieterselbstauskunft können Sie die Mieter zu wichtigen Themen befragen. Wie viele Personen ziehen ein? Gibt es Kinder oder Tiere? Sind Mietschulden vorhanden? Diese Fragen und finanziellen Rahmenbedingungen sollten vorab unbedingt geklärt werden.

Nun haben sich die Mieter, die für Sie in Frage kommen, herauskristallisiert. Jetzt können Sie mit den Besichtigungsterminen starten.

Hierbei ist es wichtig, auf Massenbesichtigungen zu verzichten. Wenn Sie alle Interessenten zum gleichen Termin einladen, sparen Sie zwar Zeit, haben aber nicht die Möglichkeit, die Mieter individuell kennenzulernen. Häufig schreckt dies auch zukünftige Mieter ab. Bereiten Sie sich auf eventuelle Fragen bei der Besichtigung vor und beantworten Sie diese immer wahrheitsgemäß. Am Tag der Besichtigung sollten Sie von festen Zusagen bzw. Unterschriften absehen. Lassen Sie sich und dem Mieter genügend Zeit, die richtige Entscheidung zu treffen.

Mietvertrag & Übergabe des Mietobjektes

Beim Mietvertrag ist es sehr wichtig, diesen gewissenhaft und sauber zu erstellen. Falls Sie sich das nicht zutrauen, sollten Sie sich auf alle Fälle Hilfe holen. Hierfür ist es kein Fehler, einen Anwalt um Rat zu fragen. Ein Mietvertrag muss alle wichtigen Informationen enthalten und hilft Ihnen in Streitfällen, die Problematik zu klären. Daher ist es umso wichtiger, diesen genau zu prüfen und alle wichtigen Aspekte aufzuführen. Dazu zählt vor allem die Kostenauflistung der Gesamtmiete. Nennen Sie die einzelnen Beträge der Kaltmiete und wie sich die Nebenkosten zusammensetzen. Vergessen Sie nicht, Ihre Richtlinien vertraglich festzuhalten. Dazu zählen zum Beispiel die Erlaubnis bzw. das Verbot von Haustieren, die Höhe der Selbstbeteiligung von Reparaturarbeiten, der Zustand des Objektes bei Auszug und inwieweit Untervermietung erlaubt bzw. unerlaubt ist.

Des Weiteren sollte vermerkt werden, ob anfallende Arbeiten rund um die Immobilie durch einen Hausmeister erledigt werden oder ob dies der Mieter selbst zu erledigen hat. Um eine Kontrolle über die Bewohner des Objektes zu behalten, sollten Sie alle Mieter namentlich im Mietvertrag vermerken. Zusätzliche Räume, wie zum Beispiel einen Kelleranteil, einen Abstellraum oder eine Garage, sollten gemeinsam mit den anderen Räumlichkeiten aufgelistet werden. Nicht zu vergessen sind die finanziellen Aspekte, wie die Höhe der Mietkaution oder das Fälligkeitsdatum der Miete.

Die Betriebskosten und die umlagefähigen Nebenkosten müssen ebenfalls aufgelistet werden. Nicht alle Nebenkosten, die Sie als Vermieter zu zahlen haben, können Sie dem Mieter in Rechnung stellen. Nebenkosten, von denen nur der Mieter profitiert, können Sie auf diesen umlegen. Hierzu zählen zum Beispiel Kosten für den Schornsteinfeger, Straßenreinigung, Beleuchtungskosten oder die Müllabfuhr. Um einen ständigen Mieterwechsel zu vermeiden, haben Sie das Recht, einen Zeitraum festzulegen, wie lange die Vermietung der Immobilie mindestens stattfinden muss. Im Gegenzug können Sie aber auch eine Befristung für einen bestimmen Zeitraum festsetzen.

Ebenso haben Sie das Recht, eine Staffelmiete anzusetzen, sodass sich die Miete jährlich begrenzt erhöht. Die zwei genannten Punkte sollten Sie jedoch mit Vorsicht umsetzen, da Sie eventuell potenzielle Mieter abschrecken. Unterschätzen Sie die Wichtigkeit des Mietvertrages keinesfalls und lassen Sie sich bei Bedarf von einem Fachmann behilflich sein. Für Ihr Unternehmen ist dieser Vertrag die wichtigste Grundlage.

Nachdem Sie nun den passenden Mietpreis, einen Mietvertrag und den idealen Mieter gefunden haben, steht jetzt die Wohnungsübergabe an. Hierfür benötigen Sie ein Wohnungsübergabeprotokoll als Absicherung, welches von Ihnen und dem Mieter nach der Übergabe unterschrieben werden muss. In diesem Protokoll müssen alle Mängel, Zählerstände und eventuelle Renovierungsmaßnahmen festgehalten werden. Um eine lückenhafte Kontrolle des Objektes zu behalten, sollten Sie das Übergabeprotokoll nach jedem Ende einer Vermietung und bei jedem Einzug eines neuen Mieters durchführen. Achten Sie darauf, diese

Termine immer bei Tageslicht zu vereinbaren, da Sie hier eine bessere Sicht auf mögliche Schäden haben.

Alle Mängel müssen in dieses Protokoll eingetragen werden und entweder von Ihnen oder dem vorherigen Mieter in einem bestimmten Zeitraum behoben werden. Bewahren Sie diese Unterlagen sorgfältig auf und leiten Sie die Zählerstände wahrheitsgemäß an eventuelle Dritte weiter. Zählen Sie die Schlüssel zum Mietobjekt vor und nach jeder Vermietung und vermerken Sie dies ebenfalls im Protokoll. Bei Verlust muss dieser vom vorherigen Mieter ersetzt werden.

Instandhaltungsrücklagen

Für Ihre finanzielle Sicherheit ist es notwendig, Rücklagen für mögliche Instandhaltungsmaßnahmen zu bilden. Gehören Sie durch den Kauf einer Wohnung in einem Mehrfamilienhaus zu einer Eigentümergemeinschaft, ist dies meist schon durch die Hausverwaltung vorgeschrieben. Die Höhe der monatlichen Rücklagen wird gemeinsam in einer Eigentümerversammlung beschlossen und richtet sich nach der Höhe des Anteils am Gesamtobjekt. Die Rücklagen der Eigentümergemeinschaft werden eingesetzt, wenn Renovierungsmaßnahmen anstehen, die das gesamte Bauwerk betreffen, wie zum Beispiel Dach, Treppenhaus oder Fassade. Vor jeder Reparatur oder Renovierung wird darüber in jedem Einzelfall neu abgestimmt. Nur Reparaturen, die den gemeinsamen Besitz der Eigentümergemeinschaft betreffen, werden aus den Instandhaltungsrücklagen bezahlt.

Für Renovierungsmaßnahmen, die an Ihrem privaten Eigentum entstehen, müssen Sie selbst aufkommen. Gehören Sie zu keiner Eigentümergemeinschaft, sollten Sie trotzdem die Instandhaltungsrücklagen nicht vernachlässigen, um sich so vor finanziellen Schäden durch fällige Renovierungsarbeiten zu schützen. Hierfür gibt es keine gesetzliche

Pflicht, daher können Sie auch über die Höhe der Rücklagen selbstständig entscheiden. Jedoch gibt es dazu die Empfehlung, sich an dem Alter, der Ausstattung, dem Zustand und der Größe zu orientieren und dementsprechend einen Betrag pro Quadratmeter festzulegen.

Zum Beispiel sollte man bei einer Immobilie, die schon über 32 Jahre alt ist, zwischen 10,00 und 12,50 Euro pro Quadratmeter und Jahr zurücklegen, da hier eher Renovierungsmaßnahmen notwendig sind. Bei einer jüngeren Immobilie, die höchstens 21 Jahre alt ist, reichen 7,00 bis 8,00 Euro pro Jahr, je nach Ausstattung, aus.

Im mittleren Alter können Sie mit 9,00 bis 10,00 Euro pro Quadratmeter rechnen. Eine weitere Alternative, um die Höhe der Instandhaltungskosten zu berechnen, ist die „Petersche Formel". Mit dieser Formel wird der Betrag anhand der Herstellungskosten berechnet. Hier werden die Herstellungskosten pro Quadratmeter mal 1,5 gerechnet und durch 80 geteilt. Das Ergebnis zeigt dann die wahrscheinlichen Reparaturkosten in den nächsten 80 Jahren. Von diesem Betrag sollten Sie ca. 70 % pro Jahr ansparen, um Ihre Instandhaltungskosten gut abdecken zu können. Sagt Ihnen keine der beiden Alternativen zu, bleibt Ihnen noch die Möglichkeit, einen Jahreswirtschaftsplan aufzustellen. Hierbei werden alle Ausgaben, die im Laufe des Jahres anfallen, kalkuliert und mit den Einnahmen durch die Eigentümergemeinschaft verglichen. So lässt sich schnell herauslesen, welches Kapital vorhanden ist, was repariert werden muss und welcher Betrag noch angespart werden sollte.

Wichtig für Sie zu wissen ist es, dass alle Instandhaltungsrücklagen, die Sie angespart haben, mit verkauft werden, wenn Sie die Wohnung verkaufen. Sie haben also kein Recht, Ihre Ersparnisse zurückzuverlangen.

Beendigung des Mietverhältnisses

Zu jeder Vermietung gehört auch das Beenden eines Mietverhältnisses. Dies kann Ihrerseits geschehen, aber auch von Seiten des Mieters. Mieter können viele verschiedene Gründe für eine Kündigung haben. Oft sind private Gründe, wie zum Beispiel ein Jobwechsel, der Umzug in eine andere Stadt oder eine Veränderung der Lebenssituation bzw. des Lebensstandards, die Ursache für eine Kündigung des Mieters. Aber auch Sie als Vermieter können der Auslöser für die Beendigung des Mietverhältnisses sein. Sollten Sie nicht Ihren Aufgaben und Pflichten als Vermieter nachkommen, kann es sein, dass Sie so Ihren Mieter verärgern und dieser sich für eine andere Wohngelegenheit entscheidet. Als Vermieter haben Sie ebenfalls das Recht, das Mietverhältnis zu beenden, doch leider ist dies für Sie nicht ganz so einfach wie für den Mieter. Als Mieter ist man gesetzlich geschützt und ein unbefristetes Mietverhältnis ist nicht ohne triftigen Grund kündbar.

Sollten Sie die Wohnung selbst benötigen, können Sie eine Eigenbedarfskündigung einreichen. Hier müssen Sie jedoch bedenken, dass Sie danach verpflichtet sind, das Mietobjekt für einen gewissen Zeitraum selbst zu bewohnen. Sollten Sie die Wohnung aufgrund von Fehlverhalten Ihres Mieters, wie zum Beispiel Mietschulden, Vernachlässigung der Pflege des Mietobjektes, Ruhestörungen oder Nichteinhaltung des Mietvertrages, kündigen wollen, müssen Sie diesen davor bereits abmahnen. Egal, ob Sie oder der Mieter kündigen, eine Kündigung ist immer an eine gewisse Frist gebunden. Diese beträgt im Normalfall drei Monate, bei einer Eigenbedarfskündigung ist sie länger. Sollte Ihr Mieter trotz Kündigung nicht fristgerecht ausziehen, steht Ihnen leider ein langer gerichtlicher Weg bevor.

Um Ihre Kündigung durchzusetzen, müssen Sie den Mieter per Räumungsklage Ihrem Mietobjekt verweisen lassen. Dies kann allerdings über mehrere Monate hinweg dauern. Ist das Mietverhältnis beendet, müssen Sie Ihrem ehemaligen Mieter die Mietkaution zurückerstatten. Diese dürfen Sie allerdings drei bis fünf Monate einbehalten, um eine vernünftige und korrekte Abrechnung erstellen zu können. Bei dieser Abrechnung müssen Sie darauf achten, ob Ihr Mieter offene Mietrückstände hat oder Nebenkosten nicht beglichen sind. Prüfen Sie, ob in Ihrem Mietobjekt Schäden durch den Mieter entstanden sind, welche repariert werden müssen. Diese Beträge dürfen Sie, nach Absprache mit dem Mieter, von der Kaution abziehen und den Restbetrag müssen Sie an den Mieter auszahlen. Außerdem werden die Nebenkosten genau bis zum Auszugsdatum errechnet und müssen vom Mieter beglichen werden.

Da die Nebenkostenabrechnung erst zum Jahreswechsel vollzogen werden kann, können Sie einen Anteil der Kaution bis zu zwölf Monate als Sicherheit einbehalten. Das Ende eines Mietvertrages zieht die Suche nach einem neuen Mieter mit sich. Auch hier haben Sie wieder zwei Möglichkeiten. Entweder gehen Sie wie bereits beschrieben vor (Die Suche nach dem passenden Mieter) oder Sie überlassen Ihrem alten Mieter die Suche nach einem Nachmieter. Dies spart Ihnen Zeit und Kosten und bietet Ihrem Mieter eventuell die Möglichkeit, vor Ende der Kündigungsfrist auszuziehen, wenn er frühzeitig einen passenden Nachfolger gefunden hat.

Vom Vermieter zum Unternehmer

Nachdem Sie nun Ihr erstes Projekt realisiert und erfolgreich umgesetzt haben, denken Sie sicher über eine weitere Investition im Immobilienbereich nach. Hierfür spielt von Anfang an die Zeit eine wichtige Rolle. Um als Immobilienunternehmer wirklich erfolgreich werden zu können, sollten Sie früh genug damit anfangen und keine Zeit verschwenden. Je früher Sie damit beginnen, desto mehr Zeit haben Sie. Die

Zeit ist bei der Tilgung von Immobilienprojekten einer der wichtigsten Punkte, denn Ihre Immobilie zahlt sich erst aus, nachdem sie vollständig getilgt ist. Erst dann können Sie wirklich Einnahmen damit generieren und eventuell auch Ihren Lebensunterhalt damit bestreiten. Anbei möchte ich Ihnen eine Beispiel-Rechnung aufzeigen. Das Beispiel ist anhand realistischer Zahlen aufgestellt und kann auch so in der Realität vorkommen.

Anna war früher in einem ganz normalen Angestelltenverhältnis und ging jeden Tag ihrer Arbeit nach. Sie ist jetzt 32 Jahre alt und hat sich vor 5 Jahren dafür entschieden, in Immobilien zu investieren. Heute darf Sie sich stolze Besitzerin von bereits 13 Wohneinheiten nennen. Drei Wohneinheiten sind einzelne Wohnungen, die anderen 10 Wohnungen befinden sich in Mehrfamilienhäusern. Durch die Mieteinnahmen hat sie es heute geschafft, nicht mehr arbeiten gehen zu müssen. Durch die Miete werden die Kredite und die Nebenkosten für die Immobilien bezahlt und von den Überschüssen von ca. 2.150 Euro kann sie ihren Lebensunterhalt bestreiten.

Durch die Einnahmen der Immobilien kommt sie jährlich auf eine Summe der Kaltmiete von ca. 80.000 Euro. Die Kaltmiete hat sie auf ca. 513 Euro pro Eigentumswohnung angesetzt, was ein sehr realistischer Wert ist. Von den 80.000 Euro braucht sie rund 30.000 Euro im Jahr, um die bestehenden Kredite zu tilgen. Auch an die Instandhaltungsrücklagen und die Bewirtschaftung hat Anna gedacht. Hierfür nutzt sie ca. 20 Prozent der Mieteinnahmen. Das sind bei diesem Beispiel rund 16.000 Euro, mit denen Anna für Reparaturen und Rücklagen sehr gut hinkommt. Da Anna ihre neue Geldquelle wirklich passiv erleben möchte, hat sie die Verwaltung an eine Hausverwaltung abgegeben. Diese Kosten sind in den 20 Prozent mit einberechnet.

Das Managen von Dienstleistern nimmt für Anna nun keine Zeit mehr in Anspruch, da sie diese Arbeiten bedenkenlos an die Verwaltung abgeben kann. Außerdem übernimmt diese auch Tätigkeiten wie die Nebenkostenabrechnung oder die Suche nach neuen Mietern. Bei wichtigen Entscheidungen, wie zum Beispiel bei einer Investition, die höher als 500 Euro beträgt, meldet sich die Hausverwaltung bei Anna, um diese Dinge zu besprechen. Einmal im Monat bekommt sie ein Update per Mail von der Verwaltung, in der alle wichtigen Dinge festgehalten werden. Abzüglich der Summe für die Kredite und die Rücklagen bleiben Anna jährlich rund 44.000 Euro. Diese muss sie als private Investorin mit ihrem persönlichen Steuersatz versteuern. Bei 44.000 Euro Einkommen beträgt die Lohnsteuer (inklusive Solidaritätsbeitrag) jährlich ca. 9.650 Euro, was ein monatliches Nettoeinkommen von ungefähr 2.030 Euro ergibt, welches Anna frei zur Verfügung steht.

Ob ein Vermieter rechtlich als Unternehmer anzusehen ist, ist leider nicht so leicht festzustellen, hat aber große praktische Auswirkungen. Wann überschreitet ein Vermieter die Schwelle zum Unternehmer? Laut dem BGH ist für das Vorliegen der Unternehmereigenschaft ein selbstständiges, planmäßiges und auf gewisse Dauer angelegtes Anbieten entgeltlicher Leistungen am Markt erforderlich. Wird nur das eigene Vermögen verwaltet, ist selbstständiges berufliches Handeln zu verneinen. Ob eine private oder berufsmäßige Vermögensverwaltung vorliegt, ist davon abhängig, ob die Geschäfte wegen ihres Umfangs einen planmäßigen Geschäftsbetrieb (Unterhaltung eines Büros der Organisation) erfordern.

Deshalb ist bei der Vermietung von Immobilien Umfang, Komplexität und Anzahl der damit verbundenen Vorgänge und nicht die Größe des vermieteten Objekts von Bedeutung. Vermieten Sie nur an einzelne Personen, dann spricht das eher für eine private Vermögensverwaltung.

Unterhalten Sie viele gleichartige Mietverhältnisse mit ähnlichen Mietverträgen, dann handeln Sie gewerblich. In vielen Fällen erlaubt das BGH aber keine sichere Einordnung, deshalb sollten Sie sich bewusst sein, dass Sie sich beim Übergang von Vermieter zu Unternehmer in einer rechtlichen Grauzone befinden, was mit Komplikationen verbunden sein kann.

Sie müssen nicht reich sein, um Ihren Weg als Immobilienunternehmer starten zu können. Eine kleine Summe als Startkapital reicht schon aus, um mit der Investition in Ihre erste eigene Immobilie beginnen zu können. Anna brachte damals 5.000 Euro als Startkapital in die Finanzierung ihrer ersten Immobilie mit ein. Der Kaufpreis betrug 60.000 Euro und konnte problemlos über die Bank finanziert werden. Aus den Einnahmen der Miete hat sie sich nach und nach Geld angespart, um die nächste Investition zu realisieren. Heute fragt sich Anna, warum sie nicht schon viel früher mit der Geldanlage in Immobilien begonnen hat. Je früher, desto besser. Also fangen Sie am besten jetzt sofort damit an, jeder Tag zählt.

Vergleich der Investmentformen in Immobilien

Abschließend finden Sie hier eine Übersicht aller Möglichkeiten, durch Immobilien ein passives Einkommen zu erzielen. Wägen Sie alle Möglichkeiten ab und entscheiden Sie sich für die Investitionsform, die am ehesten für Sie in Frage kommt.

Kriterien	Immobilien-fonds	Immobilie naktien	Crowdinve sting	Kauf einer Immobilie
Kosten (Ist das Angebot gebührenfrei?)	nein	nein	ja	nein
Rendite (Ist die Rendite fest vereinbart?)	nein	nein	ja	nein
Laufzeit (Gibt es einen festen Rückzahlungster min?)	ja/nein	nein	ja	nein
Aufwand (Sind Sie von der nachgelagerten Verwaltung befreit?)	ja	ja	ja	nein
Flexibilität (Können Sie die Immobilie selbst auswählen?)	nein	nein	ja	ja

Adaptiert nach: https://de.bergfuerst.com/ratgeber/immobilien-crowdinvesting (6.12.19, 9:46)

Schlusswort

Grundsätzlich bringt das Investment in Immobilien viele Vorteile mit sich. Immobilien sind allgemein eine sichere und zukunftsorientierte Anlage. Vor allem für die Altersvorsorge sollte jeder über passives Einkommen durch Immobilien nachgedacht haben. Dieses Buch hat Ihnen die verschiedenen Möglichkeiten aufgezeigt, wie Sie ein passives Einkommen generieren können, und Ihnen einen Überblick verschafft. Ich hoffe, ich konnte Ihnen dabei helfen, die passende Anlageart für Ihre individuellen Bedürfnisse und Umstände zu finden. Sie sind nun in der Lage, eine fundierte Entscheidung bezüglich Ihrer Investments zu treffen.

Mit Hilfe der umfangreichen Informationen dieses Buches kann Ihr Weg in die finanzielle Freiheit und eine gesicherte Altersvorsorge beginnen. Sparen, sparen, sparen und nie aufhören, zu lernen, sind die Geheimnisse der Geldmaschine mit Immobilien. „Eine Investition in Wissen bringt immer noch die besten Zinsen." – Benjamin Franklin.

Impressum

Herausgeber: Pegoa Global Media GmbH / Am Sandtorkai 27 / 20457 Hamburg
Kontakt: kontakt@pegoamedia.de
Coverbild: Shutterstock

Haftungsausschluss:
Die Nutzung dieses Buches und die Umsetzung der enthaltenen Informationen, Anleitungen und Strategien erfolgt auf eigenes Risiko. Der Autor kann für etwaige Schäden jeglicher Art aus keinem Rechtsgrund eine Haftung übernehmen. Haftungsansprüche gegen den Autor für Schäden materieller oder ideeller Art, die durch die Nutzung oder Nichtnutzung der Informationen bzw. durch die Nutzung fehlerhafter und/oder unvollständiger Informationen verursacht wurden, sind grundsätzlich ausgeschlossen. Rechts- und Schadenersatzansprüche sind daher ausgeschlossen. Dieses Werk wurde sorgfältig erarbeitet und niedergeschrieben. Der Autor übernimmt jedoch keinerlei Gewähr für die Aktualität, Vollständigkeit und Qualität der Informationen. Druckfehler und Falschinformationen können nicht vollständig ausgeschlossen werden. Es kann keine juristische Verantwortung sowie Haftung in irgendeiner Form für fehlerhafte Angaben vom Autor übernommen werden. Die bereitgestellten Analysen, Vorschläge, Ideen, Meinungen, Kommentare und Texte sind ausschließlich zur Information bestimmt und können ein individuelles Beratungsgespräch nicht ersetzen. Alle Informationen dieses Buches entsprechen dem Kenntnisstand zum Zeitpunkt des Verfassens dieses Buches. Eine Haftung für mittelbare und unmittelbare Folgen aus den Informationen dieses Buches ist somit ausgeschlossen.
Informieren Sie sich weitläufig aus unterschiedlichen Quellen und bedenken Sie, dass am Ende nur Sie für die Entscheidungen verantwortlich sind.

Haftung für externe Links:
Unser Angebot enthält Links zu externen Websites Dritter, auf deren Inhalte wir keinen Einfluss haben. Deshalb können wir für diese fremden Inhalte auch keine Gewähr übernehmen. Für die Inhalte der verlinkten Seiten ist stets der jeweilige Anbieter oder Betreiber der Seiten verantwortlich. Die verlinkten Seiten wurden zum Zeitpunkt der Verlinkung auf mögliche Rechtsverstöße überprüft. Rechtswidrige Inhalte waren zum Zeit-punkt der Verlinkung nicht erkennbar.

Wir danken Ihnen für Ihr Interesse und Ihr Vertrauen. Als Dankeschön dafür, haben wir eine besondere Überraschung. Wir haben einen **ultimativen Leitfaden für Einsteiger ins Aktien- und Börsengeschäft** für Sie. Und dieses erhalten Sie vollkommen kostenlos. Das klingt wunderbar? Dann warten Sie nicht lange und holen Sie sich Ihr Gratis-Geschenk.

Hier geht es zu Ihrem Gratis-Geschenk:

https://forms.gle/gduy3doWN5ejuaub9

1. **Öffnen Sie die Kamera-App auf Ihrem Smartphone und richten Sie die Kamera auf den QR-Code.**
2. **Klicken Sie auf den Link, der Ihnen angezeigt wird und schon werden Sie zur Website weitergeleitet.**